박근혜의
권력 중독

박근혜의 권력 중독

'의전 대통령'의 재앙

강준만

인물과
사상사

'선거의 여왕'이 어떻게
'꼭두각시'로 전락할 수 있는가?

(1) 무엇보다 당혹스러운 것은 대통령이 알고 보니 주체성이 부족한 연약하고 의존적인 존재였다는 사실이다. 대통령은 최태민 일가가 조종하는 줄에 매달린 꼭두각시처럼 그려지고 있다. 다들 이 정도일 줄은 몰랐다는 반응이다. 지금 국민이 보는 대통령은 자신의 의지대로 움직이는 개인이 아니다. 짜인 각본 안에서 남이 써준 대사를 앵무새처럼 읊는 무기력한 연기자다. 그것도 평생을 그렇게 살아온 것처럼 보인다는 데 문제의 심각성이 있다.[1]

(2) 이들을 광화문으로 모이게 한 것은 비선秘線 실세의 꼭두각시 노릇을 한 대통령과 거기에 동조하거나 모르쇠로 일관했던 정치인들을 향한 분노였다. 하루하루 열심히 살아가는 것을 허무하게 만들어버린 최순

---

1 김성찬, 「박 대통령과 '심리적 성숙'」, 『경향신문』, 2016년 11월 2일.

실 일가를 향한 분노였고, 그런 일을 가능하게 만든 이 사회를 향한 분노였다. 그 분노의 힘이 그들을 광화문광장으로 이끌었다.[2]

(3) 우리의 대통령은 이중 꼭두각시였다. 재벌과 관료의 지시에 따라 춤을 추는 꼭두각시요, 동시에 그 보상으로 한몫 챙기려는 최순실의 꼭두각시.[3]

(4) 박근혜 대통령의 '막후 실세'로 확인된 최순실 씨. 최씨는 인성적인 면에서 '3무無'의 특징이 있다. 교양 없고, 배려 없고, 인정이 없다. 그녀는 딸의 학교에서 안하무인으로 행동했다. 사우나에서도 특권층 대접을 요구했다. 재산이 수천억이라는데, 주변에 온정을 베풀었다는 얘기는 들리지 않는다. 대한민국 국민들은 박 대통령이 이런 최씨의 꼭두각시처럼 행동하고, 국정 개입을 방치한 데 화가 나 있다. 지난 주말 거리로 나온 시민들의 손 팻말은 우리 모두의 분노를 짧게 요약했다. "이게 나라냐."[4]

(5) 박근혜가 최순실의 꼭두각시였다는 사실을 그들이 몰랐을 리 없다. 혼자 힘으로 말 한마디 문장 한 줄 제대로 구사하지 못하는 '금치산자' 수준의 치료가 필요한 환자라는 사실을 아는 사람은 다 알고 있었다. 새

2 오윤희, 「분노? 무관심이 더 무섭다」, 『조선일보』, 2016년 11월 8일.
3 정태인, 「지금이 바시락 기회다」, 『경향신문』, 2016년 11월 9일.
4 이하원, 「가짜 保守와의 결별」, 『조선일보』, 2016년 11월 11일.

누리당 대표를 지낸 김무성은 "최순실을 본 적은 없고 어떤 역할을 하는지 몰랐지만, 박근혜 대통령 옆에 최순실이 있다는 걸 다 알았다"고 말하기도 했다. 박근혜 한나라당 대표 시절 비서실장을 지냈던 전여옥이 『조선일보』 기고에서 이런 말을 했다. "그들이 몰랐다고? 개와 소가 웃을 이야기이다. 그들은 아주 잘 알고 있었다. 속속들이 알고 있었다. 그러나 친박들은 권력 나눔, 즉 '잿밥'에만 관심이 있었다. 그리고 약점 있는 대통령이라면 더 좋다고 생각했을 것이다. 그들 마음껏 조종할 수 있으니까 말이다.……문고리 3인방하고만 통하면 되니 이 또한 얼마나 간편한가? '편의점 정치'였다."[5]

앞에 인용한 글들이 잘 말해주듯이, 박근혜는 '꼭두각시'였다. 여전히 박근혜를 지지하는 사람들도 대부분 이 사실은 인정한다. 그런 꼭두각시가 통치해온 대한민국! 국민들은 분노, 울화, 충격, 수치심, 모욕감, 허탈감, 무력감, 배신감, 혐오감, 불안감 등 복합적인 감정을 느끼고 있지만, 그들을 들고 일어서게 만든 결정적 감정은 모욕감이었다. 소설가 성석제가 잘 지적했듯이, "국민이, 신성한 주권이, 민주주의가 모욕당했다.……모욕감이 찾아왔다. 내가 가진 작은 권리, 시민으로서 위임한 주권이 사적인 물건이라도 되는 양 자기들 멋대로 주고받는 장난감이 되었다는 것 때문이었다".[6]

모욕감과 뒤섞여 있는 건 수치심이다. 오피니언라이브 여론분석

5 이정환, 「최순실 사태의 이면, '프레임 전쟁'이 시작됐다」, 『미디어오늘』, 2016년 11월 12일.
6 성석제, 「중독과 모욕」, 『경향신문』, 2016년 11월 17일.

센터장 윤희웅이 블로그와 트위터에서 '나라'의 연관 감성어를 추출한 결과에 따르면, 사람들은 이 순간 대한민국 국민이라는 것이 부끄럽다는 반응을 보였다.[7] 『조선일보』는 「부끄럽다」는 제목의 사설에서 "지금 많은 사람이 대한민국 국민인 것이 부끄럽다고 말하고 있다"고 했다.[8]

영국 『이코노미스트』 전 서울 특파원 대니얼 튜더Daniel Tudor는 "그 어떤 전직 대통령도 현 수준의 국가적 수치심을 초래하지 않았다"며 "사람들은 어느 정도까지 부패를 참을 수 있지만 수치심은 용인하지 않는다"고 말한다.[9] 사람과디지털연구소장 구본권은 "민주국가 시민으로 모멸감을 경험한 국민은 도리어 '왜 부끄러움은 우리의 몫인가'라고 묻고 있다"고 말한다. "『한비자』는 '용은 사람이 길들여 능히 올라탈 수도 있지만 목 아래에 거꾸로 난 비늘을 건드리면 반드시 그를 죽인다'고 역린의 고사를 전한다. 민주국가 시민으로서의 자괴감, 그것이 국민의 역린이다."[10]

다 동의하지만, 그럼에도 도무지 이해하기 어려운 게 있다. 우리는 박근혜가 꼭두각시 수준의 인물이라는 걸 그간 전혀 모르고 살았는가? 극소수 용기 있는 사람들이 오래전부터 그 사실을 폭로하긴 했지만, 그런 목소리를 언론도 외면하고 우리도 외면했다. 왜 그랬을까? 아니 외면한 정도가 아니다. 벌써 기억이 가물가물해진 건지

○ -

7 윤희웅, 「대통령 통치를 거부하는 성난 민심」, 『동아일보』, 2016년 11월 4일.
8 「[사설] 부끄럽다」, 『조선일보』, 2016년 10월 26일
9 대니얼 튜더, 「역사의 평가가 대통령에게 덜 가혹해지려면」, 『중앙일보』, 2016년 11월 12일.
10 구본권, 「역린을 건드린 대통령」, 『한겨레』, 2016년 11월 17일.

는 모르겠지만, 우리는 박근혜를 '선거의 여왕'으로 칭송했다. 물론 부정적인 의미로 그렇게 말한 사람도 많았지만, 그들 역시 박근혜의 정치적 지능만큼은 높이 평가했다. 그런데 갑자기 그런 평가를 받던 사람이 꼭두각시라니! 왜? 도대체 그게 어떻게 가능했는가? 이건 내가 나 자신에게 던진 물음이었다. 나는 스스로 던진 그런 질문에 답하기 위해 이 책을 썼다. 나부터 궁금해서 도무지 견딜 수가 없었다.

"엊그제 학교 앞 상가를 지나다가 멈칫했다. '순살' 치킨을 '순실' 치킨으로 읽은 것이다. 혼자 피식 웃다가 머쓱해지고 말았다. 소위 최순실 게이트가 어느새 내면화됐다는 증거다."[11] 시인 이문재의 말이다. 최순실 게이트 아니 박근혜 게이트로 인해 생긴 일련의 정신적 상처와 우울감을 두고 '순실증'이라는 신조어도 나왔다지만,[12] 내 관심사는 시종일관 '순실'보다는 '근혜'였다. 나 역시 박근혜 게이트가 내면화되는 경험을 여러 차례 했다. 나는 '근혜증'을 앓고 있는 셈이다. 내가 앓아온, 앞으로도 한동안 앓게 될 '근혜증'에 대해 이야기해보고자 한다.

나는 학술 논문을 쓸 때에도 신문 기사를 많이 활용한다. 물론 그건 학술 논문의 근엄성을 믿는 심사위원들을 불편하게 만들어 "이게 아카데미즘이냐, 저널리즘이냐"는 질책을 받지만, 그건 현실 세계와의 소통 필요성에 대한 나의 소신에 따른 것이다. 저널리즘을 전공한 내가 저널리즘의 문제를 왜 모르겠는가. 신문 기사엔 시간의 압

11 이문재, 「누가 호스피스이고, 누가 산파인가」, 『경향신문』, 2016년 12월 3일.
12 이진한, 「'순실증' 걸린 대한민국 처방전」, 『동아일보』, 2016년 11월 18일.

박에 따른 많은 문제가 있지만, 그건 어떻게 사용하느냐에 따라 극복할 수 있는 문제일 뿐이고, 저널리즘은 당대의 삶에 대한 기록으로서 소중한 가치가 있다는 게 내 생각이다.

국민감정에 폭격을 퍼부은 박근혜 게이트는 다른 사건들에 비해 더더욱 저널리즘의 기록이 중요하다. 나는 저널리즘의 하루살이 운명에 반대한다. 그 어떤 학술 논문보다 가치 있다고 여길 만한 명문들은 어떤 형식으로든 오래오래 남겨야 한다고 생각한다. 나의 다른 책들이 다 그렇긴 하지만, 이 책에 유난히 기사 인용을 많이 한 것도 바로 그런 이유 때문이다. 앞서 글을 인용한 것과 같은 식의 인용이 본문에 자주 등장할 것이니, 독자들께선 각주를 통해 필자와 매체를 확인하시면서 평소 미처 챙기지 못했던 명문들을 짧게 발췌된 것이나마 한껏 만끽하는 기회를 누리시기 바란다.

무슨 책을 그렇게 빨리 써대느냐고 궁금해하거나 마땅치 않게 여길 독자들도 있을 것 같은데, 이에 대해 답을 드리는 것도 좋을 것 같다. 얼마 전 지인인 K가 만면에 웃음을 띠긴 했지만 다소 추궁하는 투로 묻길래 했던 답을 다시 들려 드리겠다. "하루도 빠지지 않고 매일 여가 시간을 희생해가면서 2~3시간씩 자료 정리에 투자하는 저의 평소 습관 덕분입니다. 당신 술 마시고 놀 때 저는 그 일 했다니까요."

2016년 12월

강준만

"특혜·특권만 누리고 책임·의무는 저버린 권력 엘리트"
'권력·아버지·최순실을 위한' 박근혜의 '3각 통합주의'
이젠 '미래'라는 단어 자체가 욕보는 세상

최태민의 최면술에 의한 세뇌인가?
최태민 이야기만 꺼내면 이성을 잃는 박근혜
"최태민, 최순실, 박근혜는 훗날 최고의 드라마 주제"
세뇌에서 출발한 '신경과학'의 전성시대
박근혜가 확인시킨 "나서지 말라. 나서면 너만 죽는다."

'박근혜를 위한 변명'
무엇을 어떻게 할 것인가? '베스트 10'
"근데 너무 길어서 희망이 없어. 싸워서 이길 수가 없어"
"자유로운 시민제보자들의 사회"를 만들자
우리는 공익제보자들을 어떻게 대해왔나?
우리는 정녕 '부패와의 전쟁'을 할 뜻이 있는가?
'불감사회: 9인의 공익제보자가 겪은 사회적 스트레스'
"'고발'은 짧고 '고통'은 길다"
'의도적 눈감기'와 '사회적 지지의 환상'을 넘어서

제 1 장

박근혜는

희귀한 유형의

'의전 대통령'

박근혜는 "나라를 구한 처녀 잔 다르크"

(1) 정치인으로서 박근혜 대통령은 무척 뛰어나다. 누가 봐도 이기기 어려운 선거를 승리로 이끈다. '선거의 여왕'이란 말은 과장이 아니다. 선거만 그런 게 아니다. 일상 정치에서도 이른바 프레임을 운영하는 데 탁월하다. 정부의 무능이 실시간으로 생중계된 세월호 참사도 여야 정쟁의 프레임으로 전환시켜 선거 승리를 이끌어냈다. 국정원의 대선 개입에 대해서도 그는 옳고 그름의 문제가 아니라 진영 대결 또는 성패의 논리로 바라보도록 만들었다. 근래 대통령으로서는 보기 드문 정치력이다. 행정적으로는 무능하나 정치적으로는 유능한(행무정유) 대통령이 바로 박 대통령이다.[1]

---

1 이철희, 「참 무능한, 그리고 무척 뛰어난」, 『한겨레』, 2014년 12월 11일.

(2) 한 새누리당 관계자는 "대통령이 왜 무서운지 아느냐"고 반문했다. 좋아서 숙이는 게 아니라, 지금은 덤빌 때가 아니라는 것이다. 여당 관계자들이 전한 이유들을 종합하면 이렇다. 당장 내년 4월 총선에서 살아남는 것이 최우선 과제인 여당 의원들에게 박 대통령은 여전히 무서운 존재다. '선거의 여왕'인 박 대통령이 새누리당에 등을 돌리면 보수 지지층이 균열할 수 있다는 것이다. '유승민 파동' 때 친박 의원들이 박 대통령 탈당설을 흘린 것이 여당 의원들에겐 협박으로 받아들여졌던 것은 그래서다.[2]

(3) 그녀의 유일한 성공 경력 증명서라고 할 수 있는 '선거의 여왕'이라는 칭호가 대변하듯이 박 대통령은 동물적인 본능으로 정치적 속셈도 잘한다.[3]

(4) 2004년 탄핵 광풍 이후 현 여권은 12년간 '선거의 여왕' 박근혜 대통령 덕분에 따뜻한 아랫목에서 선거를 치러왔다. 끓는 물 속 개구리마냥 '선거의 여왕' 효과가 사라진지도 미처 몰랐던 새누리당은 올해 4·13 총선에서 펄펄 끓는 분노한 민심에 데쳐졌다.[4]

(5) 박근혜 대통령은 선거의 여왕이었다. 선거 때마다 그가 나타나 손을

---

2 이용욱·정환보, 「대통령이 왜 무섭냐고? 선거의 여왕이니깨」, 『경향신문』, 2015년 7월 24일.
3 이동걸, 「무모한 대통령, 죽어나는 국민」, 『한겨레』, 2016년 2월 15일.
4 정도원, 「'선거의 여왕' 덕 봤던 새누리, 포스트-박근혜 고민할 때」, 『뉴데일리』, 2016년 10월 28일.

흔들면 승리했다. 여당 정치인들은 그가 지역구에 와 손을 흔들어주길 간절히 요청했다. 박 대통령을 업고 호가호위했던 그들은 지금 어디 있는가?[5]

앞에 인용한 글들이 잘 말해주듯이, 박근혜는 '선거의 여왕'이었다. 2005년 4·30 재보선에서 박근혜의 한나라당이 여론조사 결과를 뒤엎고 '23대 0'으로 열린우리당을 KO패 시켰을 때, 이 승리는 이순신 장군이 왜군과 23전 23승으로 23대 0의 전과를 올린 것과 같으며, 박근혜는 "나라를 구한 처녀 잔 다르크"와 같다는 극찬마저 나왔다.[6]

박근혜는 신하들의 두려움의 대상이 될 정도로 뛰어난 여왕이었다. 여야를 막론하고 박근혜의 정치적 지능과 동물적 본능을 높게 평가해왔다. 그렇게 '선거의 여왕'이란 평가를 받던 사람이 하루아침에 '꼭두각시'가 되는 게 어떻게 가능한 걸까? 꼭두각시가 '선거의 여왕' 연기를 했다는 것인가? 그 연기에 속아 새누리당 사람들이 박근혜를 두려워했단 말인가? 여야를 막론하고 누구나 높게 평가해온 박근혜의 정치적 지능과 동물적 본능도 연기에 속아서 내린 판단 착오였단 말인가? 아니면 정치적 지능과 동물적 본능이 뛰어난 꼭두각시였단 말인가?

5 「[사실] '신서의 녀왕' 애타게 찾넌 그늘는 어디 '꼭꼭' 숨었나」, 『미디어펜』, 2016년 11월 16일.
6 주치호, 『박근혜 신드롬』(작은키나무, 2005), 21~23쪽.

꼭두각시에게도 정치적 지능은 있다

'박근혜 게이트'에 대해 홍수처럼 많은 기사와 논평이 쏟아져 나오는 데도 이 물음에 대해 설명해주는 글은 거의 없다. 아주 드물게 프리랜스 저널리스트인 박권일이 쓴 「반세기의 주술」이라는 칼럼이 눈에 띈다. 그는 "박근혜를 최순실의 꼭두각시 내지 보수 세력의 허수아비로 보는 시각은 분명 사태의 일면을 포착한 것이지만, 그렇다고 해서 그를 '금치산자', '심신미약자' 같은 단어로 규정하는 것에 동의할 순 없다. 그건 비판이 아니라 장애인에 빗댄 조롱일 뿐이며 나아가 박근혜의 책임을 경감하는 효과를 낸다"며 다음과 같이 말한다.

"박근혜는 선연한 권력의지를 가지고 오랜 세월 현실정치의 장에서 지지 기반을 쌓아온 직업 정치인이었다. 또한 그는 자기를 지지하는 사람들이 자신에게서 무엇을 보고 또 바라는지 정확히 이해하고 있었다. 사람들은 분명 박근혜에게서 박정희를 보았다. 정확히 말해 그것은 박정희가 되어달라는 주문이 아니었다. 그게 불가능함을 모를 정도로 한국 사람들이 바보는 아니다. 박근혜는 단 한순간도 박정희의 대체자였던 적이 없다. 박근혜는 언제나 박정희의 '환기자evoker'였다. 오히려 대체가 아닌 환기였기에 '카페인 없는 커피', '알코올 없는 맥주' 같은 안전한 향락으로 여겨졌을지 모른다. 이 향락은 곧, 마초성과 폭력성 같은 요소들이 선택적으로 제거된 박정희주의다.……일각에서 박근혜 · 최순실 게이트를 주술에 홀린 권력자와 탐욕스런 측근의 일탈로 축소하기 위해 안간힘을 쓰고 있다. 그러나 주술에 홀린 권력을 비웃으면서 정작 우리 자신을 지배해온 반세기의 주술에서 벗어나지 못한다면, 정경유착과 권력야합을 키우는 구조 자체를 바꾸지 않는다면, 단언컨대 우리는 머지않아 또 다른 박근혜와 최순실과 우병우들을 만나게 될 것이다. 스스로 변화가 되지 못하면 결코 변화는 일어나지 않는다." [7]

박권일의 '반세기의 주술'론은 경청할 만한 좋은 이야기이긴 하지만, 너무 거시적인 분석인지라 앞서 제시한 물음에 대한 답으로선 좀 부족하다. 한국인이 '반세기의 주술'의 지배를 받았건 받지 않았건, 생각 없는 꼭두각시가 뛰어난 정치적 지능과 동물적 본능을 발휘하는 것은 얼마든지 가능하다거나 아니면 그런 평가가 잘못된 것이라거나 하는 차원의 이야기가 있으면 좋겠다는 것이다.

내가 오랜 생각과 고민 끝에 얻은 내 나름의 답을 말해보련다. 나는 생각 없는 꼭두각시가 뛰어난 정치적 지능과 동물적 본능을 발휘하는 것은 얼마든지 가능하다고 본다. 동시에 박근혜의 정치적 지능과 동물적 본능에 대해선 좀더 정교한 분석이 필요하다고 생각한다.

흥미롭게도 이에 관한 이야기는 미국의 '트럼프 현상'과 비슷한 점이 있다. 트럼프 현상은 민주주의의 기본 메커니즘이 작동하지 않는 '정치의 죽음'을 웅변해준다. 쉽게 말해, 그간 기성 정치인들이 정치를 자신의 출세 도구로만 이용해왔다고 보는 유권자들의 강한 정치 불신과 정치혐오 탓에 그 점을 전투적으로 비난한 트럼프에게 수많은 문제가 있었지만 그가 대통령에 당선될 수 있었다는 것이다. [8]

---

7   박권일, 「반세기의 주술」, 『한겨레』, 2016년 11월 10일.

박근혜의 '베이비 토크'와 트럼프의 '초딩' 단어

박근혜의 한계와 문제에 대해선 전여옥이 선구적으로 잘 지적한 바 있다. '박근혜 게이트' 이후 유명해진 '전여옥 어록' 가운데 하나를 감상해보자.

"박근혜는 늘 짧게 답한다. '대전은요?', '참 나쁜 대통령', '오만의 극치'.……국민들은 처음에는 무슨 심오한 뜻이 있겠거니 했다. 뭔가 깊은 내용과 엄청난 상징적 비유를 기대했다. 그런데 거기에서 그쳤다. 어찌 보면 말 배우는 어린아이들이 흔히 쓰는 '베이비 토크' 와 다른 점이 없어 보인다."[9]

맞다. '베이비 토크'다.[10] 그러나 이 평가만으로 끝내면 안 된다. 박근혜와 얼굴을 마주 보던 전여옥도 박근혜의 실체를 알기까진 시간이 꽤 걸렸는데, 일반 대중은 무엇을 알 수 있겠는가. 기성 정치인들의 토크는 어떠했던가 하는 걸 반드시 비교 대상으로 삼아야 한다. 대체적으로 교언영색巧言令色 아니었나? 교언영색은 "교묘한 말과 알랑거리는 얼굴"이란 뜻이다. 정치인들의 토크가 꼭 그랬다는 이야

○ --

8 강준만, 『도널드 트럼프: 정치의 죽음』(인물과사상사, 2016). 여론조사 결과를 보면 미국인의 3분의 2 는 미국 경제가 부자들을 위해 조작되었다고 여긴다. 10명 중 7명이 엘리트 정치인은 보통 사람의 삶에 관심이 없다고 생각한다. 특히 공화당 지지 유권자들의 93퍼센트가 "미국이 현재 잘못된 길로 가고 있다"고 생각하고, 83퍼센트가 경제 상황에 만족하지 못하는 등 불만으로 가득 차 있다. 그러니 이번 대선에서 공화당 성향의 유권자들마저 3명 중 2명(66퍼센트)이 "미국의 차기 대통령은 기성 정치권 밖 경험을 한 인사가 돼 워싱턴에 새로운 기운을 불어넣어야 한다"고 답한 건 당연한 일이 아니겠는가. 문정우, 「트럼프가 드러낸 위태로운 세상」, 『시사IN』, 제454호(2016년 6월 2일); 윤정호, 「미국인 사로잡은 '막말의 달인'…트럼프, 백악관 주인이 될 수 있을까」, 『조선일보』, 2015년 10월 3일; 김현기, 「"기성 정치 환멸" 의사·재벌·CEO가 유권자 사로잡았다」, 『중앙일보』, 2015년 9월 2일.
9 전여옥, 『I 전여옥: 전여옥의 私, 생활을 말하다』(현문, 2012), 122쪽.

기가 아니라 국민들이 그렇게 생각했다는 것이다. 그래서 정치 불신
과 혐오의 기운이 하늘을 찌른 게 아니겠는가.

트럼프의 언어는 '베이비 토크'는 아니지만, '초딩' 단어를 쓴다
는 평가를 받았다. 2015년 10월 21일 『보스턴글로브』는 트럼프가
초등학교 4학년 수준의 언어를 사용해 유권자의 마음을 사고 있다
고 보도했다. 『보스턴글로브』는 경선에 나선 민주당과 공화당 후보
19명(사퇴자 포함)의 단어 선택과 문장구조 등을 '플레시-킨케이드
읽기 난이도 조사'를 통해 분석했다. 공화당의 짐 길모어 전 버지니
아 주지사가 10.5학년(고등학교 1.5년) 수준의 언어력이 있어야 알아
들을 수 있는 단어를 써서 가장 '유식'했다. 그의 지지율은 0퍼센트
였다. 반면 트럼프는 4학년(초등학교 4년) 수준의 단어를 사용해 가장
'무식'했는데도 지지율은 1위였다.[11]

물론 트럼프의 '초딩 토크'와 박근혜의 '베이비 토크'가 결코 같
은 수준의 것은 아니다. 다만 트럼프의 '초딩 토크'가 큰 재미를 보
았듯이, 박근혜의 '베이비 토크' 역시 '박근혜 게이트' 이전엔 찬사

---

10 문화사회연구소 소장 김성윤도 「박근혜 화법, 헛소리에 담긴 모순적 징후들」이라는 글에서 "박근혜는 횡설수설, 중언부언, 동어반복으로 듣는 사람을 곤란케 하기로 유명하다.……박근혜의 문법 파괴는 악명이 높다. 주어와 서술어의 호응을 깨뜨린다"고 말한다. 게다가 이른바 '유체이탈 화법'은 또 어떤 가? 사실상 '적반하장(賊反荷杖)' 화법'인 이 화법에 대해 『중앙일보』 논설위원 이훈범은 다음과 같이 말한다. "우리 대통령의 화법은 참으로 독특해서 듣는 사람을 곧잘 헷갈리게 한다. 우선 화자의 시점 (視點)이 기이한데 1인칭도 3인칭도 아닌 거의 전지적 작가 시점이다. 그래서 관찰자였다가 비판자가 되기도 하며, 판관도 되었다가 때로 피해자가 되기까지 한다. 스스로 국정교과서를 밀어붙여 갈등을 조장해놓고는 이념 싸움을 하지 말아야 한다고 으르고, 자신은 정부와 상관없는 양 메르스 창궐의 책임을 보건복지부로 떠넘긴다. 세월호 승객 구조에 실패한 해양경찰을 질타하면서 사과 한마디 없고, 측근들이 연루된 '리스트'와 '문건'을 수사하는 검찰에 친절한 '가이드라인'을 제시한다. 국제적 망신을 한 윤창중 성추행 사건 때 대통령 자신이 공개적으로 홍보수석의 사과를 받은 것은 그야말로 압권이었다." 김성윤, 「박근혜 화법, 헛소리에 담긴 모순적 징후들」, 『문화과학』, 86호(2016년 6월), 195, 197쪽; 이훈범, 「『대통령 용어사전』의 오류」, 『중앙일보』, 2015년 11월 14일.

의 대상이었다는 걸 상기할 필요가 있다. 예컨대, 다음과 같은 기사 6개를 감상해보자.

'박근혜 화법'에 대한 찬사를 기억하십니까?

(1) 형용사와 부사를 적절히 쓸 줄 모르는 걸 보면 학창 시절 국어 공부를 열심히 하지 않은 것 같다. 그래서 수식어를 너무 잘 사용하는 노무현 대통령보다는 믿음직스럽다.……어눌한 말 속에 천금의 무게가 있다.[12]

(2) 한나라당 대표 시절이었던 지난 2006년 5월 "대전은요?" 발언은 당시 대전시장 선거 판도를 바꿨다는 평가를 받는다. 당시 박 대통령은 유세 도중 '커터 칼' 테러를 당해 입원한 상태였는데, 회복 후 가장 먼저 물어봤던 것이 바로 대전시장 선거 판세였다. 이는 '대전시장 선거는 반드시 이겨야 한다'는 메시지로 읽혔고, 결국 여론조사에 뒤지던 당 후보가 상대 당 후보였던 현역 대전시장을 꺾는 도화선이 됐다. 지난

11 윤정호·이기훈, 「대통령 되려면 트럼프처럼 '초딩' 단어 써라」, 『조선일보』, 2015년 10월 23일. 이후에도 비슷한 기사가 많이 나왔다. 2015년 11월 1일 『워싱턴포스트』에 따르면, 트럼프 자원봉사자로 변신한 IT 전문지 기자 홀리 마틴은 "트럼프의 말투는 초등학교 4학년 수준이지만 보통 사람처럼 말하고 애국심을 느끼게 하는 희한한 재주가 있다"고 말했다. 2016년 3월 17일 미국 카네기멜런대학 언어기술연구소(LTI)가 발표한 주요 대선 후보와 전·현직 대통령들의 어휘·문법 수준을 분석한 보고서에서도 트럼프가 구사하는 문법은 11세 이하인 5.7학년 수준으로, 민주·공화당 주자들 중에서도 꼴찌로 나타났다. 김현기, 「초등생 말투로 애국심 자극…킹 노리는 조커, 트럼프」, 『중앙일보』, 2015년 11월 6일; 김유진, 「미 대선 주자들 언어는 '중딩 수준'」, 『경향신문』, 2016년 3월 19일; 홍주희, 「"역겨운·끔찍한 단어 자주 써…트럼프 어휘력은 7학년 수준"」, 『중앙일보』, 2016년 3월 21일.
12 조흥래, 「박근혜의 눈물」, 『한국논단』, 200호(2006); 안병진, 「포스트모던 시대, 박근혜 정치의 작동 방식」, 김종욱 외, 『박근혜 현상』(위즈덤하우스, 2010), 87쪽에서 재인용.

2007년 1월 초 노무현 당시 대통령이 정치권의 반대에도 개헌을 계속 추진하려 했을 때 "참 나쁜 대통령"이라고 한 말도 회자됐다. 박 대통령은 2008년 3월 당 주류였던 친이계가 친박들을 총선 공천에서 대거 탈락시켰던 이른바 '공천 학살' 때는 "저도 속고 국민도 속았다"는 한마디로 판을 뒤집었다.[13]

(3) 정치권에서 회자되는 '박근혜 화법'의 핵심은 '절제'와 '직격'이다. 형식적으로는 짧고 단순한 어휘를 사용하되, 내용적으론 공격 대상을 명확히 해 전선을 만든다는 것이다. 거대 양당 체제가 공고한 한국 정치 환경에서 '절반의 감성'에 호소하는 화법은 '정치인 박근혜'의 자산이 됐다. 하지만 대통령 당선 후 변하지 않은 이 같은 화법이 '분열의 언어'가 되며 '대통령 박근혜'의 약점으로 돌아오고 있다는 평가가 나온다. 박 대통령의 '여의도 시절' 주요 어록으로는 노무현 전 대통령의 개헌 제의를 한마디로 불식한 "참 나쁜 대통령", 피습 사건 직후 한 것으로 전해지는 "대전은요", 18대 총선의 '친박 공천 학살' 이후 "저도 속고 국민도 속았다" 등이 꼽힌다. 대체로 '내 편'과 '네 편'을 갈라 분열의 정서를 거친 어휘로 공격하는 어법이다. 측근이었던 전여옥 전 의원은 이후 이를 '베이비 토크' 수준이라고 평가절하했지만, 효과는 뚜렷했다.[14]

---

13 김봉기·이옥진, 「"대전은요?" "참 나쁜 대통령" 단순해서 강렬한 朴 대통령 어법」, 『조선일보』, 2015년 11월 11일.
14 유정인, 「대통령의 이런 말, 어떻게 생각합니까」, 『경향신문』, 2015년 11월 12일.

(4) 박 대통령은 한나라당 대표였던 2006년 5월 지방선거 유세 도중 피습을 당했다. 수술 후 깨어나자마자 던진 한마디는 "대전은요"였다. 당시 열세이던 대전시장 선거 판세를 물은 것이다. 발언이 알려지자마자 지지층의 결속력은 높아졌다. 선거 막판 박 대통령은 피습 당시 입었던 옷차림 그대로 대전을 방문했다. 발언과 옷차림이 어우러져 "대전에서 승리해야 한다"는 강력한 메시지를 만들어냈다. 한나라당 박성효 후보는 시장에 당선됐다. 이듬해인 2007년 초 노무현 대통령이 개헌 카드를 꺼내 들자 박 대통령은 "참 나쁜 대통령"이라고 일갈했다. 정치권은 개헌 논의에서 한 걸음도 나가지 못했다. 2007년 대선 후보 경선 땐 경선 룰 개정을 거듭 요구하는 이명박 후보를 향해 "차라리 1,000표를 얹어 드리겠다"는 말로 반대의 뜻을 분명히 했다.[15]

(5) 박근혜 대통령 말이 간명할 때가 있었다. 그래서 말에 힘이 있었다. "대전은요?"도 그중 하나였다. 한나라당 대표 시절이던 2006년 5 · 31 지방선거에서 커터 칼 테러를 당했을 때 병상에서 선거 상황을 보고받고 했다는 말이다. 이 한마디가 알려지면서 한나라당은 그 선거를 휩쓸었다.[16]

(6) 정치부장으로 2012년 대선 취재를 지휘한 나는 그해 초 SBS 〈힐링

15 이가영 · 정종문, 「사진 한 장과 말 한마디로 판 뒤집다…박근혜 시그널 정치」, 『중앙일보』, 2015년 11월 12일.
16 최원규, 「[만물상] '천벌(天罰)'」, 『조선일보』, 2016년 11월 22일.

캠프〉에 출연한 박 대통령을 뚜렷이 기억한다. 그는 얼굴에 남아 있는 커터 칼 피습 사건의 흉터에 대해 "그때 조금만 상처가 깊었다면 죽을 수도 있었다. 그 이후의 삶은 덤이라고 생각하고 있다. 한 줌 흙으로 돌아가면 (흉터는) 없어진다"고 담담하게 말했다. 여성답지 않게 외모에 신경 쓰지 않는 듯한 발언과 죽음도 두려워하지 않는 듯한 태도는 그가 남겼다는 "전방은요?" "대전은요?"라는 단문과 결합돼 위기에 강한 지도자상을 부각시켰다. "영국 대처 내각의 유일한 남자는 대처"라는 말이 있듯 "박근혜 캠프의 유일한 남자는 박근혜"라는 말도 돌았다.[17]

'의전 대통령'이란 무엇인가?

언론이 아첨을 한 걸까? 아니다. 그게 아니다. 박근혜는 분명히 '선거의 여왕'이었으며, 그의 '베이비 토크'는 효과가 뚜렷했다. 그런데 그런 사람이 꼭두각시라는 걸 어떻게 이해해야 할까? 나는 여기서 "박근혜는 희귀한 유형의 '의전 대통령'"이었으며, 한국 사회는 그걸 가능케 한 '의전 사회'라는 답을 제시하고자 한다.

혹 그전에 누가 '의전 대통령'이란 말을 썼나 하고 포털사이트에 검색을 해보았더니 딱 두 건이 나온다. 2016년 11월 3일 최순실 이슈를 다룬 JTBC 〈썰전〉에서 유시민이 "박근혜 대통령은 의전 대통

---

17 박제균, 「'아줌마 박근혜'가 우리의 딸들에게 지은 죄」, 『동아일보』, 2016년 11월 24일.

령에 불과했다"고 말한 것과,[18] 2016년 11월 16일 오전 국회에서 열린 야3당 개혁파 초선의원들로 구성된 모임인 '따뜻한 미래를 위한 정치기획' 토론회에서 전 민주당 대표 손학규가 축사를 통해 한 다음과 같은 말이다. "대통령의 하야가 지금 당장 국정 공백을 가져온다면 대통령이 국정 혼란 사태의 책임을 지고 새로운 국무총리, 새로운 내각에 의해 이 사태가 해결될 때 사임하겠다는 선언을 국민에게 하고, 모든 권한을 총리에게 이양한다는 선언과 함께 형식상의 의전상의 직을 갖는 의전 대통령으로 뒤로 물러서야 한다."[19]

이 두 가지 용법에 따르자면, '의전 대통령'은 그야말로 형식상의 의전상의 직을 갖는 대통령이다. 유시민의 말도 박근혜가 최순실의 꼭두각시 노릇을 했으니 사실상 그런 수준의 의전 대통령에 불과했던 것 아니냐는 의미를 담고 있다. 그러나 내가 생각하는 의전 대통령은 그런 수사학적 과장 이상의 의미를 담고 있는 개념이다.

박근혜는 막강한 권력을 갖고 있었거니와 권력 행사를 즐겼다. 우리는 여기서 박근혜의 모든 권력 행사가 최순실의 지시나 조언에 따른 게 아니냐는 식의 과장을 범해서는 안 된다. 권력에 대한 동물적 본능이라고나 할까, 그런 것은 박근혜에게 차고 넘칠 정도로 많다는 것을 인정해야 한다. 그렇다면 이것만으로도 박근혜는 결코 의전 대통령일 수 없지만, '유권자의 인식'이라고 하는 변수를 가미하면

○ --

18 「유시민 "박근혜는 의전 대통령" '썰전' 역대급 시청률」, 『위메이크뉴스』, 2016년 11월 4일.
19 송수경 · 박수윤, 「孫 "朴 대통령, 의전 대통령으로 물러나고 새 총리가 개헌 추진"」, 『연합뉴스』, 2016년 11월 16일.

다른 해석이 가능해진다. 유권자들은 어떤 지도자나 정치인의 권력에 대한 동물적 본능이 뛰어나다고 해서 표를 주진 않는 법이다.

나는 박근혜가 많은 유권자를 사로잡은 비결은 그녀의 뛰어난 의전에 있으며, 권력 행사를 통해 무엇을 할 것인가 하는 독자적인 의제와 비전이 없이 권력 행사 자체에 의미를 두었다는 점에서 그녀를 의전 대통령으로 부르고자 한다. 의전은 단순한 세리모니ceremony나 프로토콜protocol이 아니다. 그 이상이다.

거시적·근본적으로 보자면, 정치는 '상징 조작의 예술'로서 사실상 '의전의 예술'이라고 해도 과언이 아니다. 박근혜가 최순실 일가에 포획되어 '주술呪術 정치'를 한 게 아니냐는 의혹이 많이 제기되었지만, 오늘날 모든 정치는 '주술 정치'에 불과한 것임을 그 누가 부인할 수 있으랴. 미국 사회학자 아미타이 에치오니Amitai Etzioni, 1929~는 40여 년 전 현대의 '주술 정치'에 관한 재미있는 글을 썼는데, 이걸 일부나마 읽고 넘어가는 게 좋겠다. 다음과 같은 내용이다.

현대의 주술呪術 정치

만약 시베리아의 툰드라 지역에 있는 추케호우Chukehoe족의 한 인류학자가 미국을 살펴본다면, 미국의 샤머니즘이 그들의 것보다 열등하다는 결론을 내릴는지도 모르겠다. 다음과 같이 말이다. "미국인들은 사회적 문제에 직면했을 때, 대통령, 의회, 주지사들, 그리고 시장들은 엄청난 제스처를 보이면서 보통 일련의 약속과 위협으로 이루어진 환상적인 소음을 뿜어낸다. 그러나 그 무엇 하나 달라지는 건 없다. 미국인들의 우두머리들은 비가 오지 않는 건기에 비를 내리게 해달라고 비는 주술사와 같다."

우리 미국인들은 '사회적 문제를 해결합시다' 춤Let's-Solve-a-Social Problem dance에 대해 잘 알고 있다. 대통령은 보통 연설이라는 의식儀式으로 시작한다. 그는 자신이 악령을 죽이면 모든 문제가 사라질 것이라고 선언한다. 그는 약속한다. 가난, 범죄, 공해가 완전히 사라질 것이라고. 엄청난 팡파르가 끝나고 나면 원로들이 의식적인 회동을 갖고, 대통령은 의회에 어떤 프로그램을 실천하겠다고 요청하고, 그러면 새로운 기구가 탄생하게 된다.

1년 남짓 지나면 우리는 그 새로운 기구의 실적에 대해 듣게 된다. 달라진 건 아무것도 없다. 아니 오히려 원래의 사회적 문제는 더욱 악화되어 있다. 그 기구의 치료 또는 사회의 우연적인 변화에 의해 문제의 일부는 다소 치유되었는지도 모른다. 그 어떤 이유에 의해서건 그 공은 주술사들에게 돌아간다. 그러나 대부분의 사회문제들은 전혀 나아지지 않았다. 그래서 주술사들은 추가의 주술 처방을 내린다. 그들은 그 기구를 재편하고 새로운 이름을 붙이고 새로운 우두머리를 임명한다. 아니면 그들은 무엇이 성공인지, 그 성공의 정의 자체를 바꿔버릴 것이다.

우리는 얼마나 많은 사람이 금연을 했는지를 듣는 대신에 얼마나 많은 금연 학교가 새로 문을 열었는지에 대해 듣게 된다. 우리는 환경오염이 약화되었다는 것에 관해 읽는 대신에 환경오염을 방지하기 위한 예산의 증액을 놓고 벌어지는 소동에 대해 읽게 된다. 아시아에서 헤로인이 밀수입되는 것을 막는 것이 거의 불가능하다는 말을 듣자 닉슨 대통령은 이슈 자체를 마약사범 단속 건수가 지난해 8,465건에서 올해 1만 6,144건으로 대폭 증가했다는 것으로 돌려버렸다. 주문呪文은 변했지만, 문제는 변하지 않은 것이다.

현대의 주술사들은 아주 다양한 주술로 우리를 어지럽게 만든다. 과거 주술사의 주문에 해당되는 오늘날의 연설은 언어에 행동의 환상을 덮어씌우려고 한다. 민권운동의 절정기에 존슨 대통령은 흑인이 많은 어느 도시의 한 유명 대학에서 연설을 하면서 그의 팔을 휘두르며 "지금 당장 자유를!Freedom now!"이라고 외쳤다. 그는 청중들의 가슴을 설레게 만들었다. 청중들은 대통령이 민권운동의 핵심 구호를 지지한 것을 정부가 마침내 400년간 지속되어온 불의에 종지부를 찍겠다는 단호한 결의를 보인 것으로 받아들였다. 그러나 존슨 대통령의 제스처는 이후 계속 나오게 될 그런 연설들의 하나에 불과한 것이었다.

비극적인 죽음과 지식인들의 호감으로 인해 여전히 빛을 발하고 있는 케네디 시대도 그것을 솔직하게 평가하면, 케네디야말로 대大주술사a grand shaman였다는 것을 보여줄 것이다. 케네디는 멋진 연설을 많이 했지만, 그 연설들에서 한 약속들을 이행하는 데에는 관심을 거의 기울이지 않았다. "국가가 당신을 위해 무엇을 해줄 수 있는가를 묻지 말고……" 운운하는 그 유명한 취임 연설 이후, 그 연설에 감동되었던 수많은 미국인에 의해 추진될 수 있는 그 어떤 계획도 마련되지 않았다. 마찬가지로, 케네디가 한 최상의 연설들 중의 하나에서 라틴아메리카의 민주화와 발전을 부르짖었던 것도 미국의 지원

하에 구축되고 강화되어온 중남미 군부 엘리트들이 어떻게 해야 청산될 수 있을 것인가 하는 문제를 회피했다. 중남미의 군부 엘리트들은 사라지지 않았다. 권력은 주술에 굴복하지 않는 법이다. 그러나 모든 사람이 박수를 보냈으며, 많은 사람이 큰 변화가 도래할 것이라고 믿었던 것이다.

위원회를 만드는 것도 옛날 주술의 또 다른 형식이다. 겉으로 보아선 그건 그럴듯하다. 마을에 문제가 생기면 원로들이 모여 전문가들과 연구자들의 도움을 받아 문제를 탐구하고 처방을 내리는 거야 당연한 일 아니겠는가. 그러나 실제로는 대부분의 미국 위원회들이 아무런 조치도 취하지 않는 걸 감추기 위해 급조된 것들이다. 위원회 위원들은 흔히 조사 결과를 무시하며, 또 대통령들은 위원회의 건의 사항들을 무시하는 경향이 있다. 보통 위원회의 보고서가 만들어질 때쯤이면, 정치적 압력은 다른 곳으로 이동해 있으며 그래서 건의 사항들은 그 당장의 현실 정치와 조율이 맞지 않는다. 대통령은 그 보고서를 받는 것이 자신의 지지를 의미하는 것이라도 되는 것처럼 보고서를 받는 것조차 꺼린다.[20]

○ --

20 Amitai Etzioni, 「The Grand Shaman」, 『Psychology Today』, 6(November 1972), pp.89~91.

'상징의, 상징에 의한, 상징을 위한 정치'

그런 '주술 정치'를 정치 이론으로 체계화한 인물이 있으니, 그는 바로 미국 정치학자 머리 에델먼Murray Edelman, 1919~2001이다. 그는 『정치의 상징적 이용The Symbolic Uses of Politics』(1964), 『상징적 행위로서의 정치Politics as Symbolic Action』(1971), 『정치 언어Political Language』(1977), 『정치적 스펙터클 만들기Constructing the Political Spectacle』(1988) 등의 저서들을 통해 정치가 '상징의, 상징에 의한, 상징을 위한' 것으로 전락했다는 '상징 정치론'을 제시했다. 상징 정치론은 실증적인 검증이 어렵다는 이유로 정치학계의 주류 이론으로 대접받진 못하고 있지만, 오늘날에도 많은 학자가 이 개념을 활용해 다양한 분야에서 일어나는 상징 정치의 이모저모를 연구하고 있다.[21]

에델먼에 따르면 현대 정치는 상징 정치, 즉 이미지 정치다. 이미지 정치는 인간의 생물학적인 지각 능력의 한계, 대중매체를 통한 국민의 정치 이해, 실체보다는 외관을 강조하는 대중매체의 속성이라는 3가지 명제에 근거한다. '상징 정치'의 의미를 제대로 이해하기 위해선, 우리는 다음과 같은 질문들을 스스로 던져볼 필요가 있다. 인간은 늘 현명한가? 인간은 늘 합리적인가? 합리적 세계의 모델은 인간이 그들의 목적을 달성하기 위한 수단을 고르는 일에서 모든 적절한 정보를 취한다는 가정에 근거한 것이다. 그러나 실제로 그러한가?

미국의 사회과학자들은 개인의 정치적 요구나 태도가 비교적 고정되어 있는 걸로 간주해 이를 명확하고, 지속적이며, 조직적인 의미를 갖고 있는 하드 데이터hard data로 사용하는 경향이 있다. 그러나 사람의 생각이나 태도가 안정되어 있으며 일관성이 있다고 믿는 건 옳지 않다.[22]

대부분의 사람들이 정치적 신념과 의견에 일관성이 없으며, 이는 상당 기간 누적된 여론조사 결과를 살펴보면 분명히 드러난다. 게다가 일반 대중의 정치에 대한 관심과 지식은 의외로 낮다. 특히 민주주의가 꽤 발달했다는 미국은 국민의 정치적 무관심과 무지가 우리의 상상을 초월할 정도로 심하다.[23]

요컨대, 정치적 인지는 외부의 상징 조작에 따라 늘 변할 수 있는

○ --

21 Rasmus Kleis Nielsen, 「Book Review: Jason L. Mast, The Performative Presidency: Crisis and Resurrection during the Clinton Years」, 『Media, Culture & Society』, 36:4(May 2014), pp.555~557; Sandra L. Suárez, 「Symbolic Politics and the Regulation of Executive Compensation: A Comparison of the Great Depression and the Great Recession」, 『Politics & Society』, 42:1(March 2014), pp.73~105; Nancy E. Marion & Willard M. Oliver, 「When the Mayor Speaks⋯Mayoral Crime Control Rhetoric in the Top U.S. Cities: Symbolic or Tangible?」, 『Criminal Justice Policy Review』, 24:4(July 2013), pp.473~491; Tim Newburn & Trevor Jones, 「Symbolic politics and penal populism: The long shadow of Willie Horton」, 『Crime, Media, Culture』, 1:1(March 2005), pp.72~87; Deana A. Rohlinger, 「Political Shocks and Social Movements」, 『American Behavioral Scientist』, 53:1(September 2009), pp.3~9; Keisha L. Hoerrner, 「Symbolic Politics: Congressional Interest in Television Violence from 1950 to 1996」, 『Journalism & Mass Communication Quarterly』, 76:4(December 1999), pp.684~698; Charles T. Goodsell, 「The Concept of Public Space and Its Democratic Manifestations」, 『The American Review of Public Administration』, 33:4(December 2003), pp.361~383; Thad E. Hall, J. Quin Monson, & Kelly D. Patterson, 「The Human Dimension of Elections: How Poll Workers Shape Public Confidence in Elections」, 『Political Research Quarterly』, 62:3(September 2009), pp.507~522; Maarten A. Hajer, 「Setting the Stage: A Dramaturgy of Policy Deliberation」, 『Administration & Society』, 36:6(January 2005), pp.624~647; Michael W. Wagner & Mike Gruszczynski, 「When Framing Matters: How Partisan and Journalistic Frames Affect Individual Opinions and Party Identification」, 『Journalism & Communication Monographs』, 18:1(March 2016), pp.5~48 참고.
22 Murray Edelman, 『Politics as Symbolic Action: Mass Arousal and Quiescence』(Chicago: Markham, 1971), p.2.
23 Murray Edelman, 『Politics as Symbolic Action: Mass Arousal and Quiescence』(Chicago: Markham, 1971), p.5.

취약한 것에 불과하다. 이 점을 인정하는 것은 우리 정치인들이 흔히 상습적으로 내뱉기 좋아하는 '우리 국민의 위대한 민주적 역량'을 부인하거나 무시하는 게 아니냐는 비판을 받을 소지가 있겠다. 아닌 게 아니라 '상징 조작'이니 '여론 조작'이니 하는 단어를 말하면 혼자 잘난 척하고 국민을 깔본다는 말을 듣기 십상인 반면, 국민의 능동성과 주체성을 강조하는 건 겸손하고 긍정적이라는 호의적인 평가를 받게 된다. 그것이 우리의 현실임을 부인하기 어렵다. 그러나 사람들 앞에서 떠들기 위한 말을 할 것이 아니라, 각자 가슴에 손을 얹고 조용히 생각을 해보자. 국민, 아니 대중은 과연 늘 현명하고 합리적인가?

"박근혜가 돼도 걱정, 안 돼도 걱정?"

많은 유권자가 이제 와서 박근혜에 대해 "그럴 줄 몰랐다"고 통탄하지만, 최순실과의 관계가 아니라 하더라도 지난 대선에서 대통령 후보로서 박근혜에게 치명적일 정도로 많은 문제가 있었다는 건 다 알고 있었던 게 아닌가? 그럼에도 더 많은 유권자가 박근혜에게 표를 던진 것은 『조선일보』 논설주간 양상훈이 솔직히 털어놓았듯이, "박근혜가 돼도 걱정, 안 돼도 걱정"이라는 이유 때문이 아니었던가?[24] 즉, 야당의 집권은 막아야 한다는 당파성이 그 어떤 부실한 여당 후보라도 일단 뽑고 보자는 판단으로 이어진 게 아니었겠느냐는 것이다.

지금 박근혜에게 표를 던진 유권자들을 탓하려는 게 아니다. 앞서 말한 당파적 판단은 당파성이 강한 사람들에겐 여전히 '현명하고 합리적인' 선택으로 여겨질 수 있다는 것도 인정한다. 내가 여기서 말하고자 하는 건 의전의 중요성이다. 상징 정치론과 의전 대통령론은 같은 차원의 것은 아님에도 상징 정치론을 언급하는 이유는 정치를 대하는 우리의 태도나 자세가 그리 합리적인 건 아니라는 점을 강조하기 위해서다. 『경향신문』 논설위원 오창민이 잘 지적했듯이, 유권자들은 합리적인 기준으로 박근혜에게 표를 던진 건 아니었다.

"박 대통령의 콘크리트 지지층은 창조경제 공약이나 문화융성 정책을 보고 그를 지지하지 않았다. 이성보다는 감성이 작용하고 그 감성은 다분히 연민과 동경에 바탕을 두고 있다. 남자나 야한 생각은 털끝만큼도 안 할 것 같은 순수에 대한 갈망, 흉탄에 부모를 잃은 연약한 여성에 대한 보호 본능, 나이가 들어도 곱고 한 점 흐트러짐 없는 자태에 대한 경외감 같은 것이다."[25]

그 누구건 정치에 대해 말을 할 땐 늘 콘텐츠가 중요하다고 하면서도 특정 정치인에 대해 말하는 걸 보면 대부분 이미지에 관한 것임을 어찌 부인할 수 있으랴. 그걸 인정하는 게 좋지 않겠느냐는 것이

○ --

24 양상훈은 이렇게 말한다. "'안 돼도 걱정'이야말로 박 대통령을 탄생시킨 원동력이다. 그 걱정 때문에 수많은 유권자가 마치 궐기하듯 투표장으로 나왔다. 4년 전 절반 이상의 국민이 '될까봐 걱정'했던 바로 그 사람들이 원숙해진 모습이 아니라 최순실 바람을 타고 기세를 높이고 있다. 그중 한 사람이 며칠 전 한 TV와 인터뷰하는 모습을 보니 무슨 말을 하는지 알 수가 없었다. 그 당내에서도 그걸 보고 '박근혜와 뭐가 다르냐'는 말을 하는 사람이 있다고 한다. 이 사람과 같이 일했던 관료 중엔 그에 대해 '무능하다'고 평하는 측이 적지 않다. 며칠 전에 국민 앞에 했던 중대한 약속도 손바닥 뒤집듯 하고 심각한 국가 현안을 논의했던 기억도 희미하다고 한다. 자신과 다른 견해나 자신을 비판하는 목소리에 쌍심지를 돋우는 것도 지난 4년 동안 우리가 본 것과 다르지 않다." 양상훈, 「나는 4년 뒤 촛불집회 나갈래」, 『조선일보』, 2016년 12월 1일.
25 오창민, 「대통령의 은밀한 사생활」, 『경향신문』, 2016년 11월 24일.

다. 아마도 이미지에 의한 판단을 보여주는 대표적인 사례가 "대통령답다"는 말일 게다. 지난 미국 대선에서 승리를 거둔 도널드 트럼프는 남성 우위를 과시하고픈 속셈 때문이었는지 이 말을 즐겨 썼으며, 언론도 크게 다르지 않았다. 언론 기사에서 발췌한 다음 17가지 용법을 잠시 감상해보기로 하자.

"대통령답다"는 말의 17가지 용법

(1) 막말로 유명한 미국 공화당 대선주자 도널드 트럼프가 일정한 시점이 되면 대통령다운 언행을 하겠다고 약속해 주목을 받고 있습니다.……트럼프가 성격을 고치고, 대통령다운 언행을 보여준다면, 트럼프 본선 필패론은 원점에서 재검토돼야 할 것으로 보입니다.[26]

(2) 트럼프는 이날 필라델피아 웨스트체스터대학에 모인 지지자 5,000여 명에게 '내가 대통령처럼 생겼느냐'고 물으며 '내가 얼마나 잘생겼나. 그렇지 않나'라며 자화자찬을 늘어놓았다.……트럼프가 "힐러리는 대통령처럼 생겼느냐"고 묻자 지지자들은 즉각 "아니다"라고 답변했다.[27]

---

26 왕선택, 「트럼프 "대통령 되면 대통령다운 행동 하겠다"」, 『YTN』, 2016년 4월 23일.
27 최은겸, 「美 트럼프 "힐리리가 대통령처럼 생겼나? 난 잘생겼다" 외모 공격으로 또 구설」, 『조선일보』, 2016년 4월 27일.

(3) 『워싱턴포스트』는 4월 1일 사설에서 "트럼프는 대통령에 적합하지 않다"고 직설적으로 주장했고, 같은 달 24일엔 "진짜 도널드 트럼프를 기억하라. 그가 '대통령다운' 태도로 변신한다고 해도 거짓말과 분열의 역사를 지울 순 없다"고 경고했다.[28]

(4) 최근 들어 트럼프는 좀더 '대통령답게' 되겠다고 했다.[29]

(5) 트럼프는 지난 5월 27일에도 한 집회에서 "Do you think Hillary looks presidential?(힐러리가 대통령답게 보입니까?)"라고 묻자 청중은 일제히 "아니오!"라고 대답했다.[30]

(6) 트럼프가 앞으로 얼마나 대통령다운 모습을 보여주느냐가 대선 승패의 관건이 될 것이라는 게 대다수 전문가의 전망이다.[31]

(7) 트럼프는 평소와 달리 차분하게 대선 후보 수락 연설을 시작했다. 준비한 원고대로 차분하게 절제된 톤으로 지지자들에게 다가갔다. 경선 때 돌발 연설로 구설에 오르던 것과는 전혀 다른 모습이었다. 대통령다운Presidential 모습을 보여주려고 했다는 분석이다.[32]

28 부형권, 「WP "트럼프 대통령 절대 불가"」, 『동아일보』, 2016년 5월 7일.
29 존 페퍼, 「'와일드카드', 도널드 트럼프」, 『한겨레』, 2016년 5월 30일.
30 조화유, 「'politically correct'의 정확한 뜻은 무엇일까」, 『오마이뉴스』, 2016년 6월 5일.
31 윤정호, 「분노한 민심을 파고드는 언변…그러나 '막말의 덫'」, 『조선일보』, 2016년 7월 19일.
32 윤정호, 「76분간 토해낸 아메리카니즘…"I am your voice"에 열광」, 『조선일보』, 2016년 7월 23일.

(8) 트럼프의 멕시코 방문은 자신의 '대통령다운' 모습과 외교력을 보여주기 위한 일종의 '쇼'였다는 지적이 나왔다.[33]

(9) 트럼프로서는 '대통령다운' 모습을 거의 처음 보여주는 성과를 올렸다.[34]

(10) 트럼프는 부동층을 끌어들이기 위해 그동안의 경솔한 행동이나 즉흥적 발언을 삼가고 대통령다운 방향으로 전환할 것이란 이야기가 있었다.[35]

(11) 작년 칼리 피오리나 전 휼렛패커드 최고경영자CEO의 외모를 비하한 적이 있는 트럼프는 이날 클린턴에 대해서도 "그녀가 대통령다운 외모를 갖고 있다고 생각하지 않는다. 당신은 대통령다운 외모가 필요하다"고 말했다.[36]

(12) (9월 26일 첫 대선 후보 토론에서) 트럼프는 '클린턴이 대통령답지 못한 외모를 가졌다'고 말한 데 대해 묻자 "클린턴은 스태미나가 너무 부족하다"며 엉뚱한 건강 문제를 얘기했다.……클린턴의 토론은 거의 '연기'였다. 얼마나 연습했으면 저렇게 자연스러운 경지까지 올라갔나 싶

33 윤정호, 「멕시코에 간 트럼프 "친구여"…돌아와선 "관용 없다"」, 『조선일보』, 2016년 9월 2일.
34 윤정호, 「기울었나 했더니…美 대선, 노동절 앞두고 대혼전」, 『조선일보』, 2016년 9월 5일.
35 김현기, 「클린턴 바짝 쫓는 트럼프, 20일 TV 토론 승부처」, 『중앙일보』, 2016년 9월 6일.
36 윤정호, 「클린턴 "납세 자료 공개하라" 트럼프 "아무도 신경 안 써"」, 『조선일보』, 2016년 9월 8일.

었다. 에너지가 부족했던 유세 때에 비하면 토론 무대 장악력도 좋았다. 당황하지도, 흥분하지도 않았다. '대통령답다'는 느낌을 주기 위해 주의 깊게 고르고 계산한 말을 했다.[37]

(13) 트럼프는 자주 한숨짓고 얼굴을 찌푸려 대통령답지 못하다는 인상을 줬다.[38]

(14) 사실 토론회를 보는 시청자 대다수는 이미 지지 후보가 정해져 있다. 아직 맘을 정하지 못한 유권자라도 누가 더 대통령다운지presidential를 보는 것일 뿐, 정책을 보려는 것이 아니다. 이날 더 대통령다워 보였던 것은 클린턴이었다.[39]

(15) 트럼프의 소극적인 공세와 관련해서는 원인 분석이 분분했다. 일부는 최근 상승세를 탄 트럼프에게 '대통령다운presidential' 모습을 보여주라는 주문이 너무 많았다는 점을 지적했다. 이 때문에 점잔을 빼다 클린턴의 공세에 순발력 있게 대응하지 못했다는 것이다.[40]

(16) 천방지축 플레이보이로 알았던 도널드 트럼프 미 대통령 당선인이

37 강인선, 「"트럼프를 바늘처럼 콕콕 찔렀다"-워싱턴포스트」, 『조선일보』, 2016년 9월 28일.
38 정환보, 「[미 대선 첫 TV 토론] 진짜 승자는 두 후보 표정 잡아낸 '화면 분할'」, 『경향신문』, 2016년 9월 28일.
39 김지윤, 「준비 안 된 트럼프…너무 준비한 클린턴」, 『경향신문』, 2016년 9월 28일.
40 윤정호, 「트럼프가 앞섰던 한 여론조사, 토론 후엔 클린턴이 역전」, 『조선일보』, 2016년 9월 29일.

당선 소감 연설에서 상당히 대통령다운 풍모와 진실해 보이는 애국적 정열을 보여줘 놀라웠다.[41]

(17) CNN은 "변한 게 없다. 트럼프가 대통령다운 모습으로 변신할 것이라고 생각한 사람이 있다면 실수한 것"이라고 했다.[42]

지도자가 되는 것과 키는 무관한가?

이 17개의 용법 중엔 수긍할 수 있는 것들도 있지만, 과연 '대통령다운 모습'이란 어떤 건지, 그 요소들을 구체적으로 열거할 수 있는지, 궁금해진다. 트럼프의 막말은 대통령답지 않을 뿐만 아니라 기본적인 상식을 가진 인간답지도 않기 때문에, 막말을 하지 않는 것을 '대통령다운 모습'의 한 요소로 보긴 어렵지 않을까? 트럼프가 이른바 '정치적 올바름Political Correctness'을 훼손하면서 내뱉은 말, 즉 "힐러리가 대통령답게 보입니까?"라는 성차별적 발언에 가장 강력한 진실이 숨겨져 있는 건 아닐까?[43]

정치는 원래 남자를 전제로 해서 형성된 세계며 특히 지도자의 영역은 남성화masculinization가 철저하게 이루어진 곳이기에 '대통령답다'는 말은 그런 남성화 연상 작용을 불러일으키기 마련이다. 아

---

41 서지문, 「우뢰기 연구헤아 휠 트럼프」, 『소선일보』, 2016년 11월 15일.
42 김덕한·이기훈, 「록스타처럼…트럼프, 경합 州 8곳 돌며 '땡큐 투어'」, 『조선일보』, 2016년 12월 3일.

니 같은 남자들 사이에서도 '대통령답다'는 말엔 신체적인 풍채를 따지는 전제가 깃들어 있다.

리처드 닉슨이 조지 맥거번을 이겼던 1968년 대선까지, 미국 대통령 선거에서 당선자를 예측할 수 있는 가장 쉬운 방법은 키 큰 사람을 지목하는 것이었다고 한다. 키가 큰 후보가 다 이겼다는 것이다.[44] 물론 동서고금을 막론하고 세계적인 지도자들 가운데엔 키가 작은 사람도 많았지만, 키가 작은 지도자들은 어떻게 해서든 작은 키를 크게 보이게 하려고 애를 썼다. 키가 165센티미터인 박정희는 평소 너그러운 성품을 보이다가도 누가 자신의 작은 키를 거론하면 불같이 화를 냈는데, 연애할 때부터 꼭 자신보다 키가 큰 여자를 택했고 결국 육영수를 만나 소원을 이루었다.

이탈리아의 파시스트 독재자였던 무솔리니는 사진을 찍을 때는 항상 그의 턱을 앞으로 내밀고 가슴을 쫙 폈다고 하는데, 군중대회에

---

43 Political Correctness라는 용어엔 미국에서 수십 년간 보수파와 진보파 사이에서 전개되어온 '문화전쟁(Culture War)'의 상흔이 묻어 있기에, 우리말로 번역하는 데에 큰 어려움이 있다. PC의 뿌리는 1960년대 미국 신좌파가 수입한, 마오쩌둥의 『작은 빨간 책(Little Red Book)』에 나오는 '올바른 생각(correct thinking)'이라는 개념이라는 설이 유력하다. 보수파가 PC에 보이는 거부 반응엔 이런 역사적인 기원도 있다. '정치적 올바름'이라는 번역이 관행으로 굳어지긴 했지만, 어느 입장에 서느냐에 따라 그 의미는 크게 달라질 수밖에 없다. 그간 국내에선 '정치적 올바름'보다는 더 나은 의미 전달을 위해 '정치적 정확함', '정치적 광정(匡正)', '정치적 공정성', '정치적 정당성', '정치적 온당성' 등이 사용되어왔으며, 국내 트럼프 관련 기사에선 트럼프의 뜻을 살리기 위해 '정치적 결벽증', '정치적 착한 척', '정치적으로 올바른 척하기', '특정 그룹을 폄하하지 않으려는 정치적 수사', '정치적인 위선 행위' 등이 사용되어왔다. 가장 적극적인 의미를 부여한 조화유는 '정치적 올바름'은 오역이라며 '정치적 이득을 노린 약삭빠른 짓'으로 번역하는 게 옳다고 주장하기도 했다. 트럼프의 뜻을 옮기는 데엔 이 번역이 옳지만, PC를 여전히 지지하는 사람들의 입장까지 고려하자면 정치적으로 올바르지 않은 번역으로 볼 수도 있다. 보수판 '정치적 올바름'도 있기 때문에, 더욱 그렇다. 강준만, 「'미디어혁명'이 파괴한 '위선의 제도화': 커뮤니케이션의 관점에서 본 '트럼프 현상'」, 『사회과학 담론과 정책』, 9권 2호(2016년 10월), 89쪽.

44 낸시 에트코프, 이기문 옮김, 『미(美): 가장 예쁜 유전자만 살아남는다』(살림, 2000), 209쪽.

나설 때는 작은 키를 감추기 위해 발판 위에 올라서기도 했다.[45] 국왕과 같이 사진을 찍을 때엔 무솔리니가 자신보다 키가 작은 국왕을 내려다보는 모습으로만 찍혀졌으며, 그의 모든 사진은 '로 앵글'로만 찍혀졌다. 카메라의 각도가 위에서 아래를 바라보는 하이 앵글은 사물의 높이를 감소시키는 효과를 내지만, 로 앵글은 대상물의 높이가 증대되는 효과를 내기 때문이다. 밑에서부터 촬영되는 인물은 공포감, 경외심, 존경심을 자아내며, 이런 이유로 로 앵글은 선전 영화나 영웅주의를 묘사하는 장면에 자주 사용된다.[46]

정치의 세계에서만 그런 게 아니다. 기업의 세계도 그렇다. 미국 인구 중에서 키가 182센티미터 이상인 사람은 약 14.5퍼센트지만 『포천』 500대 기업의 CEO들은 그 비율이 58퍼센트다. 또 미국 전체 성인 남자 중 키가 188센티미터 이상인 사람은 3.9퍼센트인데 CEO 표본 중에서는 약 3분의 1이 188센티미터 이상이다.[47] 미국에서 남성의 평균 신장은 5피트 9인치(약 180.6센티미터)인데, 미국 내 500개 대기업 중역들의 절반 이상이 6피트(약 182.9센티미터) 이상이며 오직 3퍼센트만이 5피트 7인치(약 175.2센티미터)이거나 그 이하라고 한다. 이는 채용 때부터 키 큰 사람을 우대하기 때문에 빚어진 결과라는 것이다. 경영학 석사 졸업자 1,000여 명을 대상으로 한 조사에선 키가 연봉을 결정하는 데에 중요한 영향을 미쳤다는 연구 보고도

45 타임-라이프북스 편집부, 『이탈리아: Library of Nations』(한국일보 타임-라이프, 1987), 55쪽.
46 L. 재네티, 김진해 옮김, 『영화의 이해: 이론과 실제』(현암사, 1990), 24~27쪽.
47 맬컴 글래드웰, 이무열 옮김, 『블링크: 첫 2초의 힘』(21세기북스, 2005), 127쪽.

나와 있다.[48]

미국 동물학자 리처드 코니프는 "영장류의 생활에 지배 행위는 거의 호흡만큼이나, 그리고 아마도 잠재의식만큼이나 기본적일 것이다"라고 말한다.[49] 키와 사회적 지배가 서로 밀접히 연관되어 있기 때문에 늑대 무리의 우두머리 수놈이 머리와 꼬리를 곧추 세우고 걷는 것이나 인간 지배자들이 몸을 더 똑바로 세우고 더 활기차게 움직이는 거나 다를 바가 없다는 것이다.[50]

하긴 텔레비전에서 〈동물의 왕국〉과 같은 동물 다큐멘터리 프로그램을 시청하더라도 영장류가 아닌 다른 동물들도 적敵이 나타나면 자신의 몸길이를 길게 보이게 하려고 애를 쓰는 모습을 쉽게 볼 수 있다. 그런데 인간이 겨우 그 수준이란 말인가? 유감스럽게도 그렇다. 자신의 큰 키를 자랑하거나 키가 작다고 깔보는 사람일수록 인간적 품질의 수준이 낮다는 건 결코 우연이 아닐 것이다. 키가 작은 사람들은 '동물의 왕국' 수준을 벗어나지 못하는 사람들의 시선에 주눅 들지 말고 오히려 그들을 가엾게 여기는 여유를 갖고 사는 게 좋을 것이다. 그렇긴 한데, 지금 여기서 내가 말하고자 하는 건 우리가 갖고 있는 기존 편견들에 기대어 그럴듯하게 보이는 것의 중요성이다.

48 낸시 에트코프, 이기문 옮김, 『미(美): 가장 예쁜 유전자만 살아남는다』(살림, 2000), 210쪽.
49 리처드 코니프, 이상근 옮김, 『부자』(까치, 2003), 100쪽.
50 리처드 코니프, 이상근 옮김, 『부자』(까치, 2003), 109쪽.

박근혜의 뛰어난 '의전 자본'

이젠 본론으로 들어가자. 박근혜는 여성임에도 대통령답게 보이는 의전적 자질의 소유자였다. 타고난 것도 있겠지만, 18년간 청와대에 거주하면서 익힌 의전 감각과 어머니의 사후 5년간 의전상 퍼스트 레이디 역할을 맡으면서 갈고 닦은 실력이 있었다.[51] 박근혜 예찬론자들의 예찬 내용에 어김없이 그녀의 의전적 자질과 관련된 이야기가 많이 등장하는 건 결코 우연이 아니다.

그런 의전적 자질과 그걸 키우기 위해 노력해서 얻은 성과들은 '의전 자본'이라 부를 만한 것인데, 이 의전 자본엔 당연히 외모와 스타일도 큰 몫을 한다. 오죽하면 '미모 효과beauty effect'라는 말까지 생겨났을까?[52] 영국 사회학자 캐서린 하킴Catherine Hakim은 『매력 자본 Honey Money: The Power of Erotic Capital』(2011)에서 아예 '매력 자본erotic capital'이라는 개념을 제시했다. 그는 매력 자본을 "아름다운 외모, 성적 매력, 활력, 옷 잘 입는 능력, 매력과 사회적 기술, 성적 능력을 모두 아우르며, 신체적 매력과 사회적 매력이 혼합된 것"으로 정의하면서 "부르디외를 비롯한 사회과학자들은 매력 자본을 간과했지만

---

51 이는 박근혜 스스로 내세우는 자신의 강점이기도 하다. 예컨대, 박근혜는 2012년 8월 10일 새누리당 대선 예비후보 강원지역 합동 연설회에서 "저는 젊었을 때부터 세계의 정상들과 만나고 외교 무대에서 많은 경험을 쌓아왔습니다"라고 주장했다. 조윤호, 『보수의 나라 대한민국: 박근혜로 한국 사회 읽기』(오월의봄, 2012), 37쪽.
52 개드 사드(Gad Saad), 김태훈 옮김, 『소비본능: 왜 남자는 포르노에 열광하고 여자는 다이어트에 중독되는가』(디난출판, 2011/2012), 341쪽; 강준만, 「왜 아름다움은 '지뢰밭과 같은 영역'인가?: 미모 효과」, 『생각과 착각: 세상을 꿰뚫는 50가지 이론 5』(인물과사상사, 2016), 299~306쪽 참고.

그것은 돈이나 교육, 연줄만큼 소중하다"고 주장했다.[53]

아닌 게 아니라 지난 미국 대선에서 패배한 힐러리 클린턴이 정치적 생애 내내 외모와 스타일 때문에 큰 불이익을 보았다는 걸 상기할 필요가 있다. 힐러리는 볼품없는 스타일 때문에 늘 비난을 받아야 했다. 예컨대, 힐러리는 여성성을 강조하면 선거에서 불이익을 받을까 두려워 치마 대신 남성적인 바지 정장을 택했는데, 엉덩이까지 내려오는 볼품없는 재킷을 입었다며 많은 매체에서 공격을 받았다.[54]

박근혜는 '매력 자본'을 비롯해 자신의 '의전 자본'을 키우는 데에 필사적인 노력을 기울여왔다. 동국대학교 교수 강정구는 "박근혜의 정체성은 유신독재정권의 퍼스트레이디로 미소 짓는 정체성밖에 없다. 박정희의 정체성은 반민족·반민주·반인간적이며 이는 박근혜의 정체성일 수밖에 없다"고 말한 바 있다. 이에 대해 문화평론가 이재현은 지난 2004년 "나는 이런 수준의 임팩트로는 결코 박근혜가 쓰러지지 않을 것이라고 생각한다"며 "박근혜는 매우 복합적인 실체이고 기호이다"고 말했다. 이재현은 "박근혜가 박정희로부터 이름과 전투 구호를, 그리고 육영수로부터 의상을 빌렸다는 것은 누구나 다 인정하고 있는 바"라며 우선적으로 박근혜의 '외모 자본'에 큰 의미를 부여했다.

"하나의 구체적 피겨figure로서 말한다면 외모와 스타일에 있어서 박근혜는 최근의 다른 어떤 정치인보다도 좋은 느낌을 준다. 그는

---

53 캐서린 하킴(Catherine Hakim), 이현주 옮김, 『매력 자본』(민음사, 2011/2013), 20~21, 31~32쪽.
54 강준만, 『힐러리 클린턴: 페미니즘과 문화전쟁』(인물과사상사, 2016) 참고.

1952년생인데, 그 나이에 이 정도의 외모를 유지하고 있다는 것이 무엇보다도 큰 그의 정치적 자산이다. 이 점에서 일단 우리는 박 '육' 근혜에 초점을 맞춰야 한다. 흔히들 박육근혜는 어떤 정치인보다 온화하며 안정감이 있다고 한다. 예컨대, 검사와의 대화에서 강금실이 보여준 스커트 길이와 앉음새는 가부장제 한국 사회의 지배적 시선으로는 감당하기 어려울 정도로 어디지 모르게 불편한 것이었다.……단정하면서도 늘 바뀌는 고급스런 정장 옷차림, 정성 들여 올려 다듬은 머리, 그리고 자세를 흐트리지 않는 꼿꼿한 몸가짐. 게다가 늘 웃으면서 잘못했다고 비는 것은 박육근혜가 물려받은 정치적 유산이다."

이재현은 그 유산은 "전적으로 육영수에 대한 국민적 기억에 힘입은 바가 크다"고 지적하면서 박근혜의 "헤어스타일은 매우 인상적이다"고 평가했다. "그 헤어스타일은 본디 육영수의 것인바, 뒷머리를 올려 부풀린 독특한 모양새를 하고 있다. 총선 기간 내내 박육근혜는 육영수와 똑같은 헤어스타일로 유세를 다니기 위해 새벽에 일어나 두서너 시간을 직접 공들여 머리를 다듬고 이 머리 모양을 해치지 않기 위해 목을 꼿꼿이 세운 채로 차 안에서 졸기도 했다는 게 언론을 통해서 이미 잘 알려져 있다." [55]

○ -
55 이재현, 「박육근혜론: 수구냉전 국가주의의 이단(異端)심문관」, 『인물과사상 32』(개마고원, 2004), 155~189쪽.

강용석이 예찬한 '섹시한 박근혜'

방송에 출연해 박근혜의 외모에 대해 칭찬을 한 바 있는 열린우리당 의장 문희상은 2005년 4월 15일 한나라당 당사로 박근혜를 방문해 독도 이야기를 하다가 갑자기 화제를 바꿔 "어떻게 그렇게 늘 고우십니까"라고 말했다. 박근혜는 약간 머뭇거리다 "갑자기 그렇게 화제를 바꾸시면……곱게 봐 주셔서 감사합니다"고 답했다. 화제를 갑자기 바꾸지 않으면 안 될 정도로 박근혜의 얼굴이 매력적이었던 모양이다.[56]

심지어는 '섹시한 박근혜'라는 주장까지 나왔다. 2005년 4월 당내 인사들의 기고로 이루어지는 한나라당 공식 인터넷 홈페이지의 '한나라 칼럼'에 운영위원 강용석이 기고한 「섹시한 박근혜」라는 글은 "그녀는 섹시하다. 유부남 입장에서 군살 하나 없이 날씬한 몸매에, 애도 없는 처녀인 박근혜에 대해 섹시하다는 표현만큼 적당한 말을 찾기 어렵다"고 주장했다. 이 글이 실리자 "대통령 선거는 인물과 몸매 보고 뽑는 선거인가" 등 네티즌들의 비난이 쏟아졌지만, "나뿐 아니라 많은 유부남들(늙거나 젊거나를 막론하고)이 박근혜의 물구나무 선 모습, 완벽한 아치 모양의 허리에 감탄을 금치 못했을 것이다"는 게 강용석의 주장이었다.[57]

○ -

56 김봉기, 「새끼손가락 걸고 "상생정치 합시다 꼬옥~": 문의장, 신임 인사차 박 대표 방문」, 『조선일보』, 2005년 4월 16일, A5면.
57 안의근, 「네티즌에 뭇매 맞는 '한나라 칼럼'」, 『국민일보』, 2005년 4월 27일, 2면; 조윤호, 『보수의 나라 대한민국: 박근혜로 한국 사회 읽기』(오월의봄, 2012), 39쪽.

박근혜의 그런 '외모 자본'을 부모의 것으로 보아야 하는지 아니면 박근혜 자신의 것으로 보아야 하는지는 분명치 않겠지만, 박근혜가 '외모 자본' 또는 '매력 자본'의 효과를 톡톡히 누린 건 분명하다. 2016년 11월 16일 정세현·이종석 전 통일부 장관 등 '통일·외교·안보 분야 전문가' 42명은 "박근혜 대통령은 모든 외치에서 손 떼라"는 성명을 발표하면서 "'외교'는 외유가 아니다. 비선 실세가 골라준 옷을 입고 미소 지으며 패션쇼를 펼치는 자리가 아니다"고 주장했지만,[58] 박근혜에게 패션은 중요한 '의전 자본'이었음을 어이하랴.

2016년 12월 2일 CBS 라디오 〈김현정의 뉴스쇼〉에서 종합적으로 살핀 박근혜의 패션에 대한 집착은 새삼 놀라움을 금치 못하게 만든다. 주요 내용은 대통령 취임 이후 370벌 구입 추정, 청와대는 2년간 고급 수납장 4개 새로 구입, 옷값을 추산해보니 4년간 7억 4,000만 원, "대통령 개인이 부담"은 2번 확인, 최순실 대납 시 '옷 로비' 수사 불가피, 청와대는 '품행비' 20억 비밀리 지원 의혹 등이다.[59]

언론은 박근혜의 그런 집착에 적극 호응했다. 그간 우리 언론이 박근혜의 외유를 다룬 기사들을 읽어보라. 패션과 의전이 주요 내용이었다! 『문화일보』 기자 박동미의 말마따나, "그동안 '패션 정치', '컬러 외교' 등 박근혜 대통령의 패션에 대한 기사가 얼마나 많았는

---

58 이제훈, 「'망국 외교'를 막으려면」, 『한겨레』, 2016년 11월 21일.

59 권민철, 「[훅!뉴스] "朴, 옷값만 7억 원"…옷 로비 가능성은?」, 『CBS 라디오 김현정의 뉴스쇼』, 2016년 12월 2일.

가."[60]

그래서였는지는 몰라도 박근혜는 외유만 다녀오면 지지율이 올랐다. 2014년 봄 박근혜가 네덜란드와 독일을 순방한 이후 지지율은 68.5퍼센트까지 치솟아 청와대마저 깜짝 놀라게 만들었다.[61] 반면 야당은 더할 나위 없이 무기력한 모습만 보이고 있었으니, 유권자들이야 "그래도 밖에 나가 고생하는 대통령이 더 낫다"는 생각을 하지 않았겠는가.

늘 나의 지론이지만, 한국 정치에선 스스로 잘해서 지지율이 오르는 법은 없다. 반대편이 개판 치면 지지율은 저절로 오르게 되어 있으니, 정부 여당이건 야당이건 스스로 잘할 생각은 않고 상대편 공격하는 데에만 열을 올리는 것이다. 물론 박근혜 게이트가 터졌을 때는 박근혜와 친박을 비판하고 공격하는 게 당연하거니와 잘하는 일이긴 하지만, 평소에 스스로 잘하는 법은 거의 없다는 것이다.

○ --

60 박동미, 「'순실 패션과 블레임 룩」, 『문화일보』, 2016년 11월 9일. 기자들에게도 이런 고충은 있었다. "지난달 25일 박근혜 대통령의 취임 2주년 기념식은 조촐해 보였다. 청와대 직원 조회에 참석해 3분가량 연설하고 직원 대표에게 선물 받고 사진 찍은 게 전부였다. 다음 날 여러 신문에선 박 대통령의 패션을 비중 있게 다뤘다. 취임식 때와 비슷한 옷차림으로 등장한 것을 두고서 초심을 회복하자는 대통령의 의지와 각오가 담긴 것으로 풀이했다. 과연 그런지 궁금해 청와대 출입 기자에게 물어봤다. 대답은 의외로 싱거웠다. 쓸 만한 내용이 없어서 일부 기자들이 대통령 패션에 눈길을 뒀던 것일 뿐이라고 했다. 박 대통령은 참 친절한 기자들을 가까이 두고 있다." 박순빈, 「대통령 패션과 기삿거리」, 『한겨레』, 2015년 3월 4일.
61 최재혁·김진명, 「朴 대통령 지지율 68.5%(KBS·미디어리서치 조사)···청와대도 놀랐다」, 『조선일보』, 2014년 4월 15일. 그래서 박근혜 게이트가 터졌음에도 어느 열성 지지자는 이렇게 외친다. "영국, 프랑스, 중동, 중국, 베트남 등 국빈 방문 때마다 우아하고 화려한 한복을 입고 각종 행사를 주관했다. 한국의 국격을 크게 높였다. 문화 외교에 관한 한 단연 최고의 대통령이었다." 이의춘, 「박근혜 대통령 미르재단 설립 통치행위 문제없어」, 『미디어펜』, 2016년 11월 18일.

박근혜의 '의료 스캔들'은 '의전 자본'을 지키려는 몸부림

박근혜의 '의료 스캔들'도 그녀가 소중히 여기는 자신의 '의전 자본'의 관점에서 보아야 의문이 풀린다. 그냥 단순한 '주사 중독'이 아니라 대통령답게 보이고자 하는 자신의 '의전 자본'을 유지하기 위한 본능적 몸부림이었다는 이야기다. 이와 관련, 『경향신문』 논설위원 오창민은 다음과 같이 말한다.

"한국 나이 예순다섯이 믿기지 않을 정도로 얼굴에 주름살 하나 없는 박 대통령의 미용 비결도 밝혀졌다. 선진 의료과학기술이 거둔 쾌거라는 조롱이 따라붙는 게 흠이다. 박 대통령은 남몰래 서울 강남의 성형외과에서 줄기세포 시술을 받았다. 강남의 돈 많은 중년 여성들이 수백만·수천만 원씩 주면서 비밀리에 받는 시술로 식품의약품안전처의 허가가 없었다면 불법이다. 청와대가 미용과 피로 해소 등의 효과가 있는 주사제를 지난 2년간 대량 구입한 사실도 드러났다. 태반·마늘·감초·백옥 등 이름조차 생소하다. 청와대는 '경호원 등의 건강 관리를 위해 정상적으로 구매했다'고 밝혔지만 아무래도 이상하다." [62]

박근혜는 2007년 방송기자클럽 강연에서 " '쌩얼'을 더 많이 보여 드리겠습니다.……제가 원래 화장 안 한 얼굴이 더 예쁘다는 소리를 종종 듣습니다"라고 말했는데, 기회 있을 때마다 이런 말을 하고 다

62 오창민, 「대통령의 은밀한 사생활」, 『경향신문』, 2016년 11월 24일.

녀 오늘날 많은 사람을 실소케 만들었다. 다음 기사 역시 실소를 자아내게 만들지 않는가.

박근혜 대통령이 불법 줄기세포 시술을 받았다는 의혹이 제기된 가운데 과거 발언이 다시 회자되고 있다. 2012년 당시 새누리당 대선 후보였던 박 대통령은 서울 홍대 서교예술센터를 방문했다. 당시 박 대통령은 이곳에서 젊은이들과 개성 넘치는 문화인들을 만나 소통하는 자리를 가졌다. 카페에서 커피를 마시며 청년들과 대화를 나누던 중 한 여성이 "박 후보의 피부가 좋다"며 "별도로 피부 관리를 하느냐"고 물었다. 이에 박 대통령은 웃으면서 "아니 그건 아니고 마음을 곱게 쓰면 예뻐진다"고 대답했다. 다음은 『중앙일보』가 페이스북에 공개한 2012년 당시 박 대통령이 말하는 '피부 관리 비법' 영상이다. 이 동영상은 청와대의 각종 주사제 구매와 세월호 참사 당일 7시간의 행적 의혹 논란과 맞물려 SNS와 온라인 커뮤니티 등에 확산되고 있다. 영상을 본 네티즌들은 실소했다. 네티즌들은 "우울한 시국에 피부 관리법 보고 혼자 빵 터져서 웃었다"면서 "거짓말 하는 모습이 뻔뻔하다"고 말했다. 한 네티즌은 "내가 낸 세금으로 대통령 피부만 고아졌다"며 분노하기도 했다.[63]

그러나 일부 병원에서 이 의료 게이트는 호재가 되었다. 박근혜가 태반주사·백옥주사(글루타티온) 등 영양주사를 맞았다는 의혹에

---

63 「박 대통령 "피부 관리? 마음을 곱게 쓰면 예뻐져" 발언 재조명」, 『국민일보』, 2016년 11월 25일.

편승해 전국 병원 곳곳이 '대통령 주사 마케팅'에 열을 올리고 나섰다. 한 병원은 '그분패키지'라는 이름으로 '백옥주사 1회+신데렐라 주사 1회=5만 원' 같은 메뉴를 만들어 판매하고 있으며, 대전 유성구의 한 한의원은 "대통령 얼굴은 할머니답지 않게 갈수록 탱탱하다"며 "골드 리프팅을 하면 피부색이 환해진다"고 홍보하고 있다. 병원뿐 아니라 약국도 '대통령 마케팅'에 뛰어들었다. 서울 종로구에 있는 한 약국은 홈페이지에 '과연 태반주사의 효능이 무엇인데 대통령님도 맞을 정도일까. 태반주사는 병원에서 의사에게 처방받는 약이고 주사를 맞지 않고 간편히 드실 수 있는 태반약을 소개한다'는 글을 올렸다.[64]

이른바 '올림머리' 사건은 박근혜의 '의전 자본'에 대한 집착이 병적 수준임을 잘 말해준다. 세월호가 가라앉는 급박한 순간에 박근혜가 서울 강남의 미용사를 불러 올림머리를 하느라 90분을 날렸다는 『한겨레』 12월 7일자 1면 머리기사는 도무지 믿기지 않는, 믿을 수 없는 이야기다. 시간만 지나면 거짓말이거나 반거짓말임이 밝혀졌지만, 그럼에도 90분이 아니라 20분이었다는 청와대의 주장을 믿어야 하나? 아니다. 그게 아니다. 90분이냐 20분이냐가 중요한 게 아니다. 침몰하는 배에 315명이 갇혀 있다는 보고를 받고서도 미용사를 부를 수 있는 그 정신 상태에 모골이 송연해진다. 박근혜가 과거에 지지를 누릴 수 있었던 이유를 설명하기 위해 '의전 자본' 운운하

---

64 주희연, 「약삭빠른 병원 '주사 마케팅'」, 『조선일보』, 2016년 12월 3일.

는 나의 이런 시도마저 한심하게 여겨질 정도다.

박근혜의 '정치 지능' 또는 '권력 지능'

앞서 말했듯이, 나는 박근혜가 많은 유권자를 사로잡은 비결은 그녀
의 뛰어난 의전에 있으며, 권력 행사를 통해 무엇을 할 것인가 하는
독자적인 의제와 비전이 없이 권력 행사 자체에 의미를 두었다는 점
에서 그녀를 의전 대통령으로 부르겠다고 했다. 박근혜의 뛰어난 정
치적 지능과 동물적 본능도 오직 그런 의미를 누리기 위한 도구였을
뿐이라는 게 나의 생각이다.

　'꼭두각시'와 '뛰어난 정치적 지능'은 어울리지 않는 것 같지만,
미국 하버드대학 교수 하워드 가드너Howard E. Gardner, 1943~가 기존의
IQ에 반하는 새로운 접근을 시도하면서 역설한 '다중지능 이론theory
of multiple intelligences'을 믿는 게 좋을 것 같다. 그는 인간의 능력은 단
일한 것이 아니라 적어도 7가지 지능이 파이 조각처럼 서로 작용하
며 이들 능력 하나하나는 똑같이 중요하다고 주장했다.[65]

　가드너가 말한 7가지 지능은 언어verbal?linguistic, 논리·수학logical-
mathematical, 공간visual-spatial, 음악musical-rhythmic, 신체bodily-kinesthetic, 자
기 성찰intrapersonal, 인간 친화interpersonal 등이었다. 그는 15년 뒤에 자

---

65 하워드 가드너(Howard E. Gardner), 문용린·유경재 옮김, 『다중지능』(웅진지식하우스, 2006/
　2007).

연naturalistic 지능을 추가했으며, 좀더 근원적인 질문을 할 수 있는 능력, 즉 실존existential 지능의 추가 가능성도 언급했다. 그러나 내가 보기엔 '정치 지능' 또는 '권력 지능'을 추가하는 게 더 좋을 것 같다.

박근혜는 적어도 청와대에서 18년간 권력 지능을 계발하는 삶을 살아왔다. 박근혜 스스로 "나의 생은 한마디로 투쟁이었다"고 밝히고 있듯이,[66] 우선 투지 또는 전투 본능이 뛰어나다. 박근혜는 『중앙일보』 2005년 3월 28일자 인터뷰(김교준 정치부장)에서 1997년부터 시작해 8년째 정치를 하는 입장에서 한국 정치를 평해달라는 질문을 받고 다음과 같이 답했다.

"저는 예전부터 정치권이 어떻다는 건 좀 아는 사람이에요. 어릴 때는 핵심에서 많이 보고 들었고 얘기도 나눴습니다. 아버지가 돌아가신 뒤엔 세상이 변하면서 사람 마음도 변하는 엄청난 격동을 봤어요. 배신감도 들었고. 그때는 멀찌감치에서 정치를 지켜봤습니다. 그래서 직접 정치를 하면서 웬만한 일엔 놀라지 않습니다. 심연의 끝까지 내려갔다 오면 놀라지 않고 받아들일 수 있는 게 있잖아요."

2011년 말 한나라당이 10·26 재보궐 패배 등 지지율이 추락했을 때 당시 박근혜 위원을 비대위원장으로 추대하자고 나섰던 정두언 전 새누리당 의원의 다음과 같은 견해를 들어보자.

"당시 한나라당은 홍준표 체제로 돌파할 수 없었다. 대통령이 목표인 박 대통령이 나서서 당을 살려놓은 뒤 대선 도전해라, 그런 명

---

66 박근혜, 『고난을 벗삼아 진실을 등대삼아: 박근혜 일기 모음집』(부일, 1998), 137쪽.

분이 있었다. 사실 나도 나름으론 박근혜 대통령이 돌파하기 힘들 거라는 계산도 있었다. 박 대통령이 그걸 몰랐겠나. 박 대통령이 딴 건 몰라도 정치적 아이큐는 높다. 그래서 처음엔 거부한 거다. 그러다가 박근혜 비대위원회에 공천권까지 전권 주는 걸로 넘어가버렸다. 그 뒤 놀랍게도 박근혜 비대위는 총선 승리 거머쥐고 그 여세로 대선까지 간 거다." [67]

박근혜의 베이비 토크에 그 어떤 문제가 있건 순발력이 뛰어나다는 점도 인정해야 한다. 어느 방송사 여성 앵커가 "박 대표는 박정희의 아우라를 갖고 너무 편하게 정치하는 것 아니냐"고 질문하자, 박근혜는 빙그레 웃으면서 "그럼 댁은 나와 같은 인생을 선택하시겠느냐"고 물어 할 말을 못하게 만든 적도 있었다.

박근혜가 한나라당 당대표였던 2004년 4월 MBC 라디오 〈시선집중〉을 진행하고 있던 손석희와 주고받은 가벼운 설전도 그녀의 순발력이 만만치 않음을 보여준다. 그해 4월은 노무현 전 대통령의 탄핵으로 온 나라가 떠들썩한 시기였다. 당시 손석희 앵커와 박근혜 대표는 '경제회생론'에 관한 이야기를 했다. 다음 기사를 보자.

손석희 앵커는 방송에서 박근혜 대표에게 끊임없이 질문했다. 그는 한나라당이 원내 제1당이 돼야 하는 이유와 경기 부양 방안을 물었다. 이어 자연스레 IMF 경제 위기 당시 집권당 얘기가 나왔다. 당시 여당은 신

67 이유주현·김태규, 「"최씨 일가와 박 대통령, 사교·재산으로 엮인 갑을관계"」, 「한겨레」, 2016년 11월 23일.

한국당(한나라당의 전신)이었다. 이에 손석희는 "과거보다는 미래에 대한 약속을 하시는 것 같은데, 유권자들은 과거를 보고 판단하지 않느냐"며 박근혜 대표에게 일침을 가했다. 박근혜 대표는 웃으면서 "저하고 싸움하시자는 거예요?"라며 농담을 던지기도 했다. 결국 손 앵커는 "그렇진 않습니다. 질문을 바꿔보겠습니다"라며 화기애애한 분위기 속에 인터뷰가 진행됐다.[68]

박근혜는 '리플리증후군'에 갇혀 있는가?

뒤에 자세히 다루겠지만, 문제는 그녀의 권력관이 '제왕형'인 동시에 '1970년대의 청와대'에 머물러 있다는 데에 있다. 자신의 정치적 아이큐를 따라올 사람은 자신의 아버지 빼놓고 없다고 믿는다. 그래서 그 어떤 고언도 듣지 않는다. 정두언은 "박 대통령이 대통령 되기 전에 도왔던 사람들, 전여옥·유승민·이혜훈 등은 최순실의 농단이 이렇게까지일 줄 몰랐다고 한다. 그러나 박 대통령이 허수아비에 불과하다는 걸 알면서도 도와줬다면 책임이 큰 거 아닌가?"라는 기자의 질문에 다음과 같이 답한다.

"그분들뿐 아니라 저한테도 책임이 있죠. 모든 사람에게 책임이 있잖아요. 대통령으로 뽑았으니까. 근데 박 대통령을 모시던 사람들

68 「"싸우자는 거예요?" 박근혜외 손석희, 12년 진 농담하넌 사이에서…」, 『헤럴드경제』, 2016년 10월 27일.

이 갈라서는 지점은, 모두 '아니되옵니다'라는 말을 할 때였다. '모든 게 지당하옵니다' 하지 않으면 어느 순간 '아웃'이 되는 거다. 박 대통령 모셨던 사람들도 가까이서 일하다 보면 이상하잖나. 보이지 않는 쪽에서 누군가 영향력 행사하는 게 느껴지니깐. 그렇게 해가지고 일이 제대로 될까 싶어 충언하면 조금도 허용하지 않는다.……박 대통령은 자기가 불리할 때도 고언을 듣지 않는다."[69]

자신의 절대성에 대한 확신은 거짓말에 대한 이중 기준으로 나타난다. 제왕적 특권을 믿는 탓인지 "나는 예외"라고 생각한다는 것이다. 소아청소년정신과 전문의인 서천석이 박근혜의 사고·행태와 관련해 "거짓 자기를 스스로 자기라 믿으며 마음의 평화를 지켜가는 리플리증후군과 비슷해 보인다"고 분석한 것도 그런 맥락에서 이해할 수 있을 것 같다.

"결정적인 차이는 리플리증후군처럼 적극적으로 자기와 주변을 속이기 위해 거짓말을 할 필요가 없다는 점이다. 매우 특수한 그의 조건 덕분인데 그는 '영애=공주'로서 십대를 보냈다. 스스로를 포장하기 위해 타인에게 체계적인 거짓말을 하지 않아도 타인이 적당히 포장해준다. 그저 그럴듯하게 보이도록 노력하는 수준이면 충분했다. 무능이 드러나지 않도록 노출을 피하는 정도면 마음의 평화를 유지할 수 있었다."[70]

---

69 이유주현·김태규, 「"최씨 일가와 박 대통령, 사교·재산으로 얽인 갑을관계"」, 「한겨레」, 2016년 11월 23일.
70 김미영, 「서천석 박사 "박 대통령 리플리증후군과 비슷"」, 「한겨레」, 2016년 11월 7일.

리플리증후군Ripley syndrome의 주인공인 리플리는 미국 소설가 퍼트리샤 하이스미스가 쓴 소설 『재능 있는 리플리 씨The Talented Mr. Ripley』(1955)에 나오는 주인공의 이름이다. 리플리는 신분 상승 욕구에 사로잡혀 거짓말을 일삼다가 결국은 자기 자신마저 속이고 끔찍한 범죄를 저지르게 되는 인물이다.[71] 반면 박근혜는 신분 상승을 할 필요가 없는 높은 곳에 존재했기 때문에 국가적 차원의 추상적 담론을 구사할 수 있어 거짓말이라고 단정 짓기 어려운 행운을 누려왔다. 하지만 임기 말에 이르러 그녀의 거창하고 아름다운 담론, 예컨대, '100% 대한민국'이니 '국민대통합'이니 했던 말들이 적어도 결과적으론 새빨간 거짓말이었음이 만천하에 드러나게 되었고,[72] 최순실 게이트가 터지면서 그런 거짓말의 생생함을 누구나 느낄 수 있게 되었다. 박근혜의 거짓말에 대한 탁월한 분석을 5개만 들어보자.

"박근혜에겐 거짓말을 할 능력조차 없다?"

(1) 박근혜의 거짓말은 리플리의 수준을 넘어섰다. 최순실 보도에 대해 "사회 혼란 일으키는 유언비어"→"일고의 가치도 없는 허위사실"→"연

---

71 김의겸, 「미스 리플리」, 『한겨레』, 2014년 4월 22일.
72 「사설」 "100% 대한민국"과 너무도 거리 먼 편중 인사」, 『경향신문』, 2014년 11월 20일; 김외현, 「6대 권력기관 장차관 55%가 영남… '쏠림' 심해져」, 『한겨레』, 2015년 2월 24일; 「사설」 박근혜 정부 '영남 편중' 너무 심각하다」, 『경향신문』, 2015년 3월 3일, 「사설」 '영남향우회 정부' 만들려고 정권 잡았나」, 『한겨레』, 2015년 3월 3일 참고.

설문 도움 받은 정도"→"선의로 한 일"이라고 말을 바꿨다. 새로운 사실이 밝혀질 때마다 또 다른 거짓말을 내놓는 식이다. 최순실 국정 농단 감찰에 나선 이석수 특별감찰관을 '국기문란'이라며 내쫓았던 그다. 이제 와선 "나도 최순실에게 속았다"고 한다. 나는 잘못한 게 없으니 대통령으로서 국정을 계속 맡아야 한다는 자기방어 논리는 이렇게 만들어진 것이다. 비정상적 자기합리화, 자기왜곡, 공감능력 상실이다. 100만 촛불 민심 앞에서 뻔뻔할 수 있고, 어떤 위기에서도 멘털 갑으로 버틸 수 있는 이유다. 불행히도 김종필 전 총리의 "5,000만 명이 시위해도 박근혜 대통령은 절대 물러나지 않을 것"이란 예언은 점점 맞아가고 있다. 의학 교재엔 리플리증후군의 위험성도 쓰여 있다. '본인의 상습적인 거짓말을 진실인 것으로 믿게 되면 단순한 거짓말로 끝나지 않고 타인에게 심각한 피해를 입힐 위험이 높아진다.' 지금 박근혜에게 나라를 맡기는 건 위험천만한 일이다. 미친 마부에게 말을 맡기는 것과 진배없다. 리플리는 소설 속 주인공이지만, '재능 있는 박근혜 씨'는 현실의 대한민국 대통령이다.[73]

(2) 현 정부는 출범 초부터 유난히 절약을 강조했다. 135조 원에 이르는 박 대통령의 공약을 이행하려면 예산 누수를 막아야 한다며 깨알 같은 '공약 가계부'도 만들었다. 만 85세 이상 어르신에게 매달 3만 원씩 드리는 한 지방자치단체의 '장수수당'도 없애라고 닦달했다. 박 대통령을

---

73 박래용, 「미친 마부에게 말을 맡길 순 없다」, 『경향신문』, 2016년 11월 22일.

업고 재벌들로부터 수십억, 수백억 원씩 뜯어낸 최순실 씨의 씀씀이는 절약과는 거리가 한참 멀었다. 국정보다 외모에 더 관심을 쏟았던 청와대의 민낯을 더는 보고 싶지 않을 뿐이다.[74]

(3) 실제보다 좀더 낫게 보이고픈 학예회 뽐내기 수준의 '순수한 마음'(?)이 '꼼꼼하게 거짓말을 챙기게' 됐을 것이고, '박근혜·최순실 게이트'의 토양이 됐을 것이다. 현 게이트의 가장 큰 위기는 '신뢰'의 붕괴다. 그래서 어떤 방도도 통하지 않는다. 그런데 박 대통령은 마치 도망가면서 위기 때마다 호리병 던지는 동화 속 아이처럼 '개헌', '개각' 등 먹히지도 않는 카드를 자꾸 던진다. 지금은 1970년대가 아니고, 사람들은 박 대통령은 물론, 박 대통령이 조언을 구하는 그들보다 훨씬 똑똑하다.[75]

(4) 박근혜는 거짓으로 무너졌다. 2012년 대선 당시 "경제민주화와 국민행복시대를 열겠다"는 공약부터 거짓이었다. 경제민주화는 취임 6개월도 안 돼 폐기됐다. 기초연금·반값 등록금·4대 중증질환 100% 보장 등 복지 공약은 파기 또는 축소했다. 대통령 취임 이후엔 틈만 나면 규제 완화를 주술처럼 외쳐댔다. "규제는 암 덩어리다. 단두대에 올려 규제 혁명을 이루겠다"고 했지만 그것도 거짓이었다. 겉으로는 "기업하기 좋은 나라를 만들겠다"고 했지만 속셈은 '기업 뺑뜯기'를 위한 밑밥

74 이진, 「비아그라와 청와대 예산」, 『동아일보』, 2010년 11월 24일.
75 권태호, 「박 대통령은 왜 거짓말을 잘할까?」, 『한겨레』, 2016년 11월 3일.

깔기였다. '노동개혁 5법', '서비스산업발전기본법', '원샷법', '규제프리존법' 등은 규제 완화의 외피를 두른 '대기업 민원 해결법'에 다름 아니다. 세월호 참사 이후 대국민 사과를 하며 흘린 눈물도, "필요하다면 특검을 통해서라도 세월호 참사의 진상을 낱낱이 밝히겠다"는 말도 거짓이었다. "세금이 많이 들어간다"며 세월호특조위 활동 기한을 연장하지 않은 것은 '7시간 미스터리'가 밝혀질 것을 두려워했기 때문일 터이다. 국정을 농단하고, 헌정질서를 파괴한 게이트의 주범이란 사실이 밝혀진 뒤 2차 대국민담화를 하면서 보인 눈물도 거짓이었다. "모든 사태는 저의 잘못이다. 검찰 조사는 물론 특별검사의 수사까지 수용하겠다"고 하더니 검찰의 대면 조사를 거부하고 190만 촛불에 포위돼 섬처럼 고립된 청와대에서 장기 농성을 했다. "임기 단축을 포함한 진퇴 문제를 국회에 맡기겠다"고 밝힌 3차 대국민담화에서도 끝내 거짓의 가면을 벗지 않았다. 국회를 분열시켜 탄핵을 모면하려는 간교한 정치적 술수를 감춘 채 "단 한순간도 사익을 추구하지 않았다"는 변명만 늘어놨다. 거짓으로 쌓은 사상누각沙上樓閣이 무너졌는데도 또 다른 거짓의 성城을 쌓으려는 대통령을 시민들은 마음속에서 탄핵한 지 오래다.[76]

(5) 국정 파탄도 파탄이지만 촛불 정국 전 과정을 통해, "대통령이 저런 수준인지 몰랐다"는 사람은 나만이 아닐 것이다.……박 대통령과 그 주변인들의 근본적인 문제는 거짓말 각본도 없다는 사실이다. 여기서 "이

---

76 박구재, 「야만의 시절과 망국의 춤」, 『경향신문』, 2016년 12월 1일.

것이 국가인가"라는 탄식이 나올 수밖에 없다. '정치력', '통치력'이 전무한 것이다. 거짓말을 하려면 어느 정도의 현실 감각과 판단력이 필요하다. 거짓말을 옹호하는 것이 아니다. 거짓말의 전제인 자기 파악이 안 돼 있다. 지금 232만 명이 거리에 나온 이 시국에 대통령만 다른 나라에 살고 있다. 놀라운 점은 대통령이라는 자의 '백치성'이다.……그가 '나쁜 사람'이라기보다 개념 없는 사람이라는 판단이 들자, 혹시 향후에 정 많은 한국인들이 그의 백치성을 불쌍히 여겨 용서할지도 모른다는 생각이 들면서 끔찍해진다. 세상에서 가장 악한 사람은 나쁜 의지를 가진 사람이 아니다. 알 수 없는 사람이다. 국가 지도자가 이런 유형인 경우 국민은 의미 없는 고민에 빠지고, 공동체는 분노와 의구심으로 소진된다. 박 대통령의 능력은 단 하나, 유신의 유령이다.[77]

한국은 세계가 인정하는 '의전 강국'

의전이라도 제대로 하면 모르겠는데, 이 또한 1970년대식이다. 2016년 11월 29일 〈JTBC 뉴스〉의 '비하인드 뉴스' 코너의 한 장면을 감상해보자.

기자 두 번째 키워드입니다. 〈실례 되니 질문 금지〉. 박 대통령이 오늘

---

77 정희진, 「거짓말도 제대로 못하는 대통령」, 『경향신문』, 2016년 12월 5일.

담화 이후에 또 질문을 받지 않아서 논란이 일고 있습니다. 기자가 질문이 있다고 했지만 다음에 하면 좋겠다고 거절을 했죠. 계속해서 손을 들었지만 이렇게 거부하고 바로 퇴장을 했습니다.

앵커 사실 세 번의 담화 동안에 한 번도 질문을 받지 않은 결과가 됐습니다. 다름 아닌 본인의 거취 관련 중대 회견에서 질문 자체를 전혀 안 받는다. 이건 쉽게 납득이 안 가는 상황이기도 하네요.

기자 그렇습니다. 담화 이전에 청와대 관계자는 오늘 대통령이 여러분 앞에 마지막으로 서는 기회가 될 수도 있으니까 예의를 갖춰달라. 또 질의는 힘들다고 부탁을 했습니다. 마지막이면 질문을 하면 안 되는 것인지, 왜 국민들은 이렇게 무시하면서 대통령한테만 예의를 차려야 되는지에 대한 비판들이 나왔습니다.

앵커 백 번 양보해도 임기 내내 기자 질문을 받지 않은 청와대가 요구할 건 아닌 것 같습니다. 그리고요?

기자 특히 오늘 유독 예의라는 표현도 많이 나왔습니다. 서청원 의원 먼저 한 번 얘기 들어보시죠. [서청원 의원/새누리당: (탄핵안 추진에 대해선?) 야당은 모르지만, 우리 당에서 그것은 최소한의 예의가 아니라고 봅니다.][78]

박근혜, 청와대, 서청원 모두 다 제 정신이 아니다. 예의라니! 그들이 말하는 예의가 진정한 예의라면 이건 민주주의 국가가 아니다.

○ --

78 이상대, 「[비하인드 뉴스] "실례 된다"…또 질문 안 받은 대통령」, 「JTBC 뉴스」, 2016년 11월 29일.

모두 다 '1970년대의 청와대'에 갇힌 사고의 소유자들이다. 도대체 어쩌다 이 모양 이 꼴이 되었을까? 2014년 2월 24일 박근혜 대통령 취임 1년을 맞아 서울 프레스센터에서 언론노조와 한국기자협회의 주최로 열린 '박근혜 정부 소통 방법의 고찰과 평가' 토론회로 잠시 돌아가보자.

이 토론회에서 박근혜의 '불통' 문제가 지적되었다. 건국대학교 교수 손석춘은 "박근혜 대통령이 1년간 해온 것은 소통이 아니다"며 "앞으로 4년간 얼마나 많은 시간을 소모하려고 이러는지 답답하기 그지없다"고 비판했다. 이에 『중앙일보』 논설위원 김진은 "청와대 출입기자들이 신년 기자회견에서 수첩 인사와 낙하산 인사 등 박근혜 정부의 가장 아픈 부분에 대해 묻지 않았다"며 "아픈 곳은 묻지 않고 대통령더러 소통을 안 한다고 한다. 주어진 소통의 기회를 발로 차버리고 소통 안 한다고 한다"고 기자들의 책임을 강조했다.[79] 그렇다면 여태까지 언론이 '예의'를 차린 탓에 곪아 터진 상처가 박근혜 게이트로 삐져나온 것인가?

언론은 예의에 충실한 '의전 언론'인가? 아니 그러고 보니 한국은 세계가 인정하는 독보적인 '의전 강국'이 아닌가.[80] 아니 한국 전체가 '의전 사회'라고 불러야 할 만큼 의전에 목숨 거는 사회 아닌가. 이는 남녀노소, 보수와 진보를 막론하고 통하는 철칙이다.

79 조윤호, 「박근혜 '불통'은 누구 탓? 엇갈리는 보수·진보」, 『미디어오늘』, 2014년 2월 24일.
80 유신모, 「한국 '의전 강국' 세계가 인정…외교 최전선에서 뛰는 '예술가'들 서울에 모인다」, 『경향신문』, 2014년 7월 5일.

외교통상부는 '의전 접대부'로 이름을 바꿔라

우리 정부 기구 중엔 외교통상부라는 게 있지만, 이는 '의전 접대부'로 이름을 바꾸는 게 좋을 정도로 외국을 방문하는 국내 권력 엘리트 수발드느라 바쁘다. 『중앙일보』 도쿄 특파원 이정헌은 「대사는 국회의원 의전 요원이 아니다」는 칼럼을 썼는데,[81] 이상한 말씀이다. 아니 대사가 국회의원 의전 요원이라는 건 국민 모두가 알고 있는 상식이 아닌가 말이다.

유럽 지역의 대사大使를 지낸 A씨는 공관장으로 지낸 2년여 동안 200여 차례 한국 손님을 맞았다고 했다. 1년에 100차례꼴이다. 자신이 직접 공항으로 영접을 나가는 경우도 종종 있었다. A씨는 "한국에서 공전(공식 전문)이 와 업무 차원에서 손님을 맞는 경우도 있지만 부부 동반 여행 등 개인 일정도 자주 있었다"고 말했다. 갑자기 전화가 와 "비행기 환승하기 위해 몇 시간 머무는데 얼굴을 보자"며 불러내거나, 개인 일정에 "대사관 차량을 지원해달라"는 국회의원도 있었다고 한다. 이 문제를 다룬 『조선일보』 기사를 더 감상해보기로 하자.

주미駐美 · 주중駐中 · 주일駐日 대사관은 날씨가 좋은 봄 · 가을이면 몰려드는 정계 · 관계 · 재계 인사들로 몸살을 앓는다. "외교관 업무의 절반

---

81 이정헌, 「대사는 국회의원 의전 요원이 아니다」, 『중앙일보』, 2015년 7월 25일.

이상이 접대"라는 푸념이 나올 정도다. 베이징에 근무하는 한 외교관은 "공항에 영접 나가고 식사 대접 하는 건 일도 아니다"며 "한국에서 불쑥 전화를 걸어 '누구를 만나도록 일정을 잡아달라', '어디를 시찰하게 해달라'고 하는 게 정말 힘들다"고 말했다.……국회의원들은 정기국회가 끝난 직후 대거 해외 방문을 하기 때문에 공관 업무가 지장을 받는 경우도 있다. 주프랑스 대사관의 경우 많을 때는 일주일에 2~3차례씩 공관 직원이 공항에 마중 나간다. 파리는 다른 유럽 지역을 방문하는 의원들이 경유를 하면서 1~2일씩 머무는데, 이런 경우 의원들의 개인 일정을 모두 챙길 수밖에 없다.……외교부 내에서는 한국에서 손님이 적게 오는 나라가 고급 임지任地라는 말도 유행하고 있다.[82]

국회의원이건 지방자치단체 단체장이건 의전은 자신에 대한 의전만으로 끝나지 않는다. 배우자 의전까지 챙겨야 한다. 특히 단체장 부인들이 다음 선거를 의식해 광폭 내조 행보에 나서면서 사모님 수행에 공무원들이 동원되고 단체장 못지않은 의전으로 눈살을 찌푸리게 하는 일이 많이 벌어진다. 단체장 배우자들의 일탈 행위를 보다 못한 행정자치부에서 2016년 6월 초 '지방자치단체장 배우자의 사적 행위에 대한 지자체 준수사항'을 마련해 자치단체에 통보했다. 이 준수사항을 보면 인사 개입이나 사적 해외출장 경비 지원 금지, 공용차량 사적 이용 금지, 사적인 활동에 공무원 의전 활동 금지

---

82 이성훈, 「本國 손님 1년에 100치례 맞는 人使들…개인 일에 "내사관 車 내달라"는 의원도」, 『조선일보』, 2013년 5월 23일.

등을 명시해놓고 있으며, 여기에 바자회와 봉사 활동 등 단체장 배우자의 사적인 행사에 지자체 간부나 간부의 배우자 등을 동원하는 것도 금지했다.[83] 그러나 이게 지켜질 것이라고 믿는 사람은 거의 없다.

한국은 의전에 미친 '의전 사회'

스타트업얼라이언스 센터장 임정욱은 몇 년 전 미국에 있을 때 한국 쪽이 주최하는 콘퍼런스에 초청되어 참석했던 경험을 근거로 「의전 사회」라는 칼럼을 썼다. 그 콘퍼런스는 정부의 실세 고위 인사가 인사말을 하는 귀빈으로 참석해 자리를 빛내주는 행사였다는데, 어떤 일이 벌어졌는지 임정욱의 말을 들어보자.

거의 30분을 지각한 그 고위 인사는 별로 미안해하지도 않고 기다리던 귀빈들과 일일이 악수를 한 뒤 행사가 지체되고 있는 데도 앉아서 별로 중요하지도 않은 담소를 나눴다. 그리고 잠시 후 지루하게 행사 시작을 기다리던 청중 앞에 나가 형식적인 축하의 인사말을 한 뒤 귀빈들과 기념사진을 찍고 "또 다음 일정 때문에 바쁘다"며 일찍 떠나버렸다. 행사의 실질적인 내용인 강연이나 토론에는 전혀 참가하지 않은 것이다. 그 인사가 떠난 뒤 다른 귀빈들도 뒤따라 빠져나갔다.

83 권순택, 「단체장 배우자 의전」, 『전북일보』, 2016년 7월 13일.

당시 나는 한국이 참으로 대단한 '의전 사회'가 됐구나 하는 생각을 했다. 그 한 시간여의 '의전적인' 행사 동안 업계의 현안 등 실질적인 얘기는 전혀 오가지 않았다. 그저 서로의 비위를 맞추는 공허한 덕담만 오갔다. 그 행사에 참석하기 위해서 어쩌면 중요한 미팅이나 출장 일정도 미루고 온 민간기업 중역들의 시간은 누가 보상할까. 또 알맹이 없는 귀빈들의 축사를 듣느라 낭비된 청중들의 시간은 어떻게 할 것인가.

더 나아가 그때 내가 우려한 것은 그렇게 중요한 국정을 살피는 분이 형식적인 행사와 모임에 참석하느라 도대체 일을 할 시간이 있을까 하는 것이었다. 듣자 하니 장차관 이상 고위 인사들의 점심과 저녁 식사는 거의 한 달 전에 다 찬다고 한다. 요즘에는 조찬 모임도 흔하다. 잘못하면 새벽부터 저녁까지 행사장과 식사 약속 자리를 계속 이동하기만 하다가 하루를 다 보낼 수 있겠다 싶었다. 세상의 변화를 따라잡기 위해서 읽고 공부해야 할 것이 차고 넘치는 시대에 과연 저렇게 시간을 낭비해도 되는 것일까. 저렇게 해서 세계적인 리더들이 방문했을 때 그들을 감복시킬 만한 통찰력 있는 대화를 나눌 수 있을 것인가.

의전 사회의 폐해는 세월호 참사에서도 드러났다. 높은 사람이 오면 그에 맞춰서 의전을 준비하는 데 익숙해진 공무원들은 현장에서 고통 받는 희생자 가족들의 입장에서 배려하는 방법을 몰랐다. 위기 상황에서 효율적으로 구조 활동을 펼치는 방법에 대한 매뉴얼은 없는데 높은 사람들을 모시는 의전 방법은 매뉴얼로 머릿속에 박혀 있었을 것이다. 그렇다 보니 자기도 모르게 그렇게 행동했을 것이다.

한국의 경쟁력을 높이기 위해서 과도한 의전 문화를 없애자고 제언하고 싶다. 쓸데없는 의전에 소비하는 시간을 줄이면 그 시간에 사색하고 실질적인 대화를 하고 보고서를 깊이 있게 읽고 토론할 수 있다. 행사 진행자들이 높은 사람이 아닌 일반 참석자들을 위해서 더 많은 배려를 하고 내실 있는 시간으로 만들 수 있다.[84]

박수를 보내고 싶은 좋은 제언이지만, 한국의 과도한 의전 문화는 결코 사라지지 않을 것이다. 관(官)만 그러는 게 아니라 민(民)도 의전에 미쳐 있으며 세계 최첨단을 달리는 대기업일수록 더욱 그러하니 말이다. 무엇을 모르는 사람이 보면 한국 대기업의 경쟁력은 과도한 의전에서 나온다고 착각할 수도 있을 정도로 말이다.

LG전자 프랑스 법인장을 지낸 에리크 쉬르데주Eric Surdej가 쓴 『한국인은 미쳤다!』(2015)는 사실상 '의전에 미친 한국인'에 대한 고발서다. 이 책엔 기가 막힌 이야기들이 실려 있지만, 우리 주변에서도 쉽게 볼 수 있는 소소한 이야기 하나만 소개하겠다. 쉬르데주가 진급해 '상무'라는 직함을 갖게 된 순간 한국인 직원들의 태도가 180도로 달라졌는데, 그는 갑자기 달라진 의전의 무게를 불편해했다.

"프랑스 대기업의 사장들도 그런 대접은 받지 않을 것이다. 나는 적당히 즐길 수 있는 것은 즐기면서도 으스대는 것처럼 보이는 의전은 거부했다. 예를 들어 내 물건을 다른 간부에게 들리는 일은 하지 않았다. 그럴 때마다 한국인들은 무척 놀랐다. 나는 그들에게 내 입장을 설명했다. 직함은 바뀌었어도 역할은 바뀌지 않았다고. LG 프

84 임정욱, 「의전 사회」, 『한겨레』, 2014년 5월 6일.

랑스법인의 부장으로서 하던 일을 똑같이 하기 때문이다. 또 우리는 프랑스에 있었지 한국에 있는 것이 아니었다. 하지만 지나고 나서 생각해보니 내가 실수한 게 틀림없다. 자동차에서 내려 공항 대합실까지 내 짐을 내가 들고 가는 일은 소탈함을 보여주는 행동이 아니라 새로운 지위에 걸맞게 행동하길 바라는 사람들에게 내가 얼마나 그 기대를 벗어나는 사람인가를 보여주는 행동이었다. 내가 우습다고 생각한 게임에 참여하지 않음으로써 한국인들에게 어쩌면 나는 그들이 생각한 것만큼 법인장에 어울리는 사람이 아닐지도 모른다는 부정적인 생각을 심어준 것이다."[85]

"특혜 · 특권만 누리고 책임 · 의무는 저버린 권력 엘리트"

그렇다. 쉬르데주가 실수한 것이다. 한국인의 삶의 의미와 보람은 의전에서 나온다는 것을 그는 미처 깨닫지 못한 것이다. 의전 대통령이 진공상태에서 나온 게 아니다. 한국인이 의전에 미쳐 돌아가는 토양이 있기 때문에 가능한 것이다. 국무총리 황교안의 갑질을 두고 말이 많지만, 그 역시 의전 사회와 의전 대통령에 어울리는 의전 총리 역할을 한 것일 뿐이다. 앞서 소개한 〈JTBC 뉴스〉의 '비하인드 뉴스' 코너의 한 장면을 더 감상해보자.

○
85 에리크 쉬르데주(Eric Surdej), 권지현 옮김, 『한국인은 미쳤다』(북하우스, 2015), 95~96쪽.

앵커 잘 들었습니다. 마지막 키워드는요?

기자 마지막 키워드입니다. 〈이 시국에 갑질인가〉. 어제였습니다. KTX 오송역 앞에서 총리실 의전 차량이 황교안 총리를 기다린다면서 시내버스 정류장에 한 20~30분 정도 불법 주차해서 논란이 일고 있는데요. 그 사이 승객들이 다른 곳에서 차를 기다리면서 추위에 떨었다고 합니다. 어떤 시국인데 지금 총리가 온다고 해서 버스 정류장에 있는 차를 치우느냐, 시민들의 불만이 나왔다고 하는데요. 총리실에서도 해명을 내놨습니다. 오송역에는 차 세울 데가 없었고 평소에도 5분에서 10분 정도씩 잠깐 세웠다고 해명을 했습니다.

앵커 유독 황 총리는 의전과 관련해서 논란이 많네요.

기자 그렇습니다. 비하인드 뉴스에서도 한번 다룬 적이 있는데요. 지난 3월에 서울역 플랫폼까지 들어가서 과잉 의전 논란이 일기도 했었고요.[86]

어디 그뿐인가. 2015년 7월엔 서울의 한 노인복지관에서 황교안의 방문에 맞춰 엘리베이터 사용을 제한해 논란이 되었다. 이 때문에 거동이 불편한 할아버지와 할머니들이 엘리베이터를 타지 못하고 계단을 이용해야 했다. 황교안의 잇단 의전 갑질에 한 네티즌은 "(황 총리가) 아직도 정신을 못 차렸다. 시간이 지나도 달라지지 않는다"며 비판했지만,[87] 달라질 수 없게끔 되어 있다. 의전 갑질은 한국

---

86 이상대, 「[비하인드 뉴스] "실례 된다"…또 질문 안 받은 대통령」, 「JTBC 뉴스」, 2016년 11월 29일.

권력 엘리트의 정체성이기 때문이다. 의전 갑질하는 맛에 권력 엘리트가 된 사람에게 그 짓 하지 말라고 하면 죽으라는 소리와 다를 바 없다.

원로 보수 논객 송복은 최근 출간한 『특혜와 책임: 한국 상층의 노블레스 오블리주』에서 "특혜만 있고 책임은 없는, 특권만 누리고 의무는 저버린" 한국의 권력 엘리트를 매섭게 질타했다. 그는 고위 관료들의 병역 면제 비율이 일반 국민의 7~10배인 현실을 지적하며 "고관들이 '높은 자리는 우리가, 죽을 자리는 국민이'라는 식으로 행동해서 되겠느냐"고 일갈했다.[88] 그는 다음과 같이 말한다.

"'갑질'이라는 말은 유독 지금 우리 사회에서만 볼 수 있는 특이한 '야만적 행태'다. 특히 고위직층의 위세 위압적 태도를 태양 아래 고스란히 있는 그대로 드러내는 말이다.……우리 고위직층은 나라로부터 국민으로부터 '특혜' 받고 있다는 '특혜의식'이 없다. 내가 잘나서, 내가 능력과 경쟁력이 있어서 지금 이 자리에 올라와 있고, 그리고 지금 받고 있는 것은 국가 국민으로부터 받는 '특혜'가 아니라, 내 피땀과 눈물의 대가일 뿐이라고 생각한다. 노블레스 오블리주 기준에서 보면 철면피나 다름없다."[89]

박근혜는 "특혜만 있고 책임은 없는, 특권만 누리고 의무는 저버린" 한국 권력 엘리트의 정점에 있는 인물이다. '극단'을 치닫긴 했

87 박상은, 「이 시국에 '황제의전' 논란…총리 차량 때문에 추위 떤 시민들」, 『국민일보』, 2016년 11월 30일.
88 손효림, 「"운이 띠리 지도층 된 사람들, 희생자 몫까지 빼앗으려 해"」, 『동아일보』, 2016년 8월 31일.
89 송복, 『특혜와 책임: 한국 상층의 노블레스 오블리주』(가디언, 2016), 11~12쪽.

지만 '예외'는 아니다. 박근혜가 지극히 예외적인 인물이라면, 박근혜 게이트는 원초적으로 일어날 수 없는 일이었다. 책임과 의무를 소중히 하는 누군가가 그렇게 하지 못하도록 나섰을 것이다. 그러나 "특혜만 있고 책임은 없는, 특권만 누리고 의무는 저버린" 권력 엘리트는 먹이사슬 관계로 얽혀져 있어 그 어떤 견제와 균형의 힘도 발휘할 수 없다. 이게 바로 세계사적으로 매우 희귀한 유형의 의전 대통령의 탄생을 가능케 한 최대 조건이다.[90]

'권력 · 아버지 · 최순실을 위한' 박근혜의 '3각 통합주의'

나는 앞서 박근혜가 많은 유권자를 사로잡은 비결은 그녀의 뛰어난 의전에 있으며, 권력 행사를 통해 무엇을 할 것인가 하는 독자적인 의제와 비전이 없이 권력 행사 자체에 의미를 두었다는 점에서 그녀를 의전 대통령으로 부르겠다고 했다. 그런데 엄밀히 말하자면, 박근혜에게 독자적인 의제와 비전이 없었던 것은 아니다. 문제는 그것이 박근혜의 정신세계에 깊이 각인된 '디폴트default(초깃값, 초기 설정)'였기 때문에 기계적으로 수행한 것일 뿐 다른 중요 의제와 관련

---

90 정치가 권력의 정점을 중심으로 소용돌이치는 사회에서 수년 동안 수많은 접두사가 박(朴) 앞에 붙은 것도 결코 우연이 아니다. 『중앙일보』 논설위원 김환영이 잘 지적했듯이, 가박(가짜 친박) · 멀박(멀어진 친박) · 범박(범친박) · 복박(돌아온 친박) · 신박(신친박) · 옹박(박근혜 대통령 옹위 부대) · 용박(박대통령을 이용하는 사람들) · 원박(원조 친박) · 진박(진짜 친박) · 짤박(잘린 친박) · 홀박(홀대받는 친박)은 이제 다 정리되고 친박과 비박, 그리고 촛불이 상징하는 반박(反朴)만 남았다. 김환영, 「접두사와 접미사의 정치학」, 『중앙일보』, 2016년 12월 2일.

해선 대통령직 수행이라는 중차대한 과업을 수행하기엔 역부족이었다는 점이다.

컴퓨터 기술 분야에선 어떤 값이나 설정치 등이 프로그램 사용자에 의해 지정되지 않았을 때, 컴퓨터 프로그램은 미리 정해져 있는 값이나 설정치 등을 사용하게 되는데, 이를 디폴트라고 한다. 독재의 산실이었던 청와대 생활을 18년간이나 했다는 독특한 경험에서 비롯된 박근혜의 디폴트는 3가지였다. 첫째, 박근혜는 "권력 사유화를 당연하게 여긴 권력중독자"였다(제2장). 둘째, 박근혜는 " '1970년대의 청와대'에 유폐된 과거중독자"였다(제3장). 셋째, 박근혜는 "최순실 일가에 40년간 '포획'된 무기력자"였다(제4장). 박근혜의 전 정치적 생애는 미리 갖고 있던 이 3가지 디폴트에 따라 움직이는 이른바 '디폴트 편향default bias'의 연속이었다고 해도 과언이 아니다.[91]

박근혜는 그간 '권력을 위하여', '아버지를 위하여', '최순실을 위하여'라는 3가지 목표를 위해 싸워왔으며, 이 목표들은 그녀에게 삼위일체나 다름없는 것이었다. 그렇긴 하지만, '아버지를 위하여'는 과거지향적인 것인 반면, '최순실을 위하여'는 사기·공갈·협박으로 점철되긴 했을망정 수사적으로 '창조경제'니 '문화융성'이니 하는 미래지향적인 가면을 쓰고 있었다. 아니 가면이 아니라 박근혜는 진정 자신이 미래를 지향하는 대통령이라고 믿었을지도 모른다. 미국의 빌 클린턴은 책사인 딕 모리스의 조언을 따라 이른바 '3각 통합

---

91 강준만, 「왜 4달러 커피를 마시면서 팁으로 2달러를 내는 사람이 많은가?: 디폴드 규칙」, 『생각과 착각: 세상을 꿰뚫는 50가지 이론 5』(인물과사상사, 2016), 22~28쪽 참고.

주의triangulation'라는 것을 역설했는데, 앞에 언급한 박근혜의 '권력을 위하여', '아버지를 위하여', '최순실을 위하여'도 '3각 통합주의'라 부를 만한 것이었다.

클린턴의 3각 통합주의는 중도노선middle course을 취하되 그렇다고 민주당과 공화당의 어젠다를 반반씩 취하는 것이 아니라 양 정당의 좋은 정책들을 조화롭게 뒤섞는 것뿐만 아니라 새롭게 가공함으로써 '제3의 대안'을 형성하자는 것이다. 삼각형을 놓고 다시 설명해보자면 이런 이야기다. 밑변 양쪽에 있는 꼭짓점을 양 정당이라고 간주하면, 클린턴이 취해야 할 것은 양 꼭짓점 사이에 있는 밑변 위의 어느 지점이 아니라 상단의 꼭짓점이다. 밑변의 양 꼭짓점에서 상당의 꼭짓점으로 이어지는 옆변은 양 정당의 좋은 어젠다들을 조화롭게 뒤섞고, 제3의 것으로 승화시키는 과정을 나타낸다. 3각 통합주의의 핵심은 양대 정당의 전통적인 입장 사이에 끼지 않고, 그것을 넘어서는 제3의 입장을 창출하는 것이다. 공화당이 주장하는 이슈를 수용하되, 클린턴의 독창적인 것으로 만드는 신노선이다.[92]

박근혜의 3각 통합주의는 밑변이 이념의 좌우가 아니라 과거에서 미래에 이르는 시간대다. 이걸 그림으로 그려보면 〈그림 1〉과 같다. 박근혜에게 '미래'라는 말은 전혀 어울리지 않는 것 같지만, 그의 담론 세계에선 오히려 정반대였다. 그는 과거지향적인 '박정희를 위

---

92 이철희, 『디브리핑: 클린턴과 블레어, 그리고 그 참모들』(운주사, 2002), 52~53쪽; 이준구, 『대통령을 만드는 사람들: 선거의 귀재, 정치 컨설턴트』(청아출판사, 2010), 167~168쪽; 매슈 크렌슨(Matthew A. Crenson) · 벤저민 긴스버그(Benjamin Ginsberg), 서복경 옮김, 『다운사이징 데모크라시: 왜 미국 민주주의는 나빠졌는가』(후마니타스, 2004/2013), 414쪽.

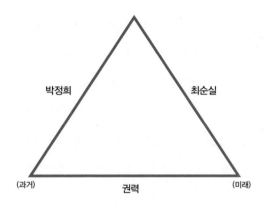

그림 1 박근혜 권력 중독의 3각 통합주의

하여' 추진한 사업의 성공을 위해서도 자신이 미래지향적인 것처럼 보여야 한다는 것을 잘 알고 있을 정도의 정치 지능은 있었다. 그가 최순실과 관련된 사업에 만사 제쳐놓고 참석하고 차은택을 '문화계의 황태자'로 만드는 데에 발 벗고 나선 건 단지 최순실의 주술에 홀렸기 때문이 아니다. 차은택의 차림새로 보건 행동거지로 보건 누가 그에게서 '과거'를 연상하겠는가. 차은택은 박근혜에게 미래의 느낌을 주는 그런 소도구적 장치였을 것이다.

이젠 '미래'라는 단어 자체가 욕보는 세상

'미래'라는 단어가 별 임팩트를 주지 않는 데다 박근혜와 영 어울리지 않아서 그렇지, 박근혜는 늘 '창조경제'니 '문화융성'이니 하는 간판을 내걸면서 '미래'라는 말을 입에 달고 다녔다. 아니 그 이전부터 자신이 만드는 조직에도 꼭 '미래'라는 이름을 붙였으며, 정치적으로 중요한 사안에 대해 말할 때에도 꼭 '미래'를 강조했다.[93] 그렇게 하는 게 '권력을 위하여', '아버지를 위하여', '최순실을 위하여'를 실현시키는 '3각 통합주의'를 위해 좋다고 믿었기 때문일 것이다. 그러나 "미래 성장 동력으로 삼겠다던 문화융성과 창조경제는 '창조비리'의 수단이었음이 국정 농단 사태로 만천하에 드러났"으니,[94] 이젠 '미래'라는 단어 자체가 욕보는 세상이 되고 말았다. 다음과 같은 기사는 코믹하면서도 박근혜의 '미래' 집착을 잘 보여주는 에피소드로 손색이 없다 하겠다.

○ --

93 몇 가지 살펴보면 다음과 같다. 박근혜는 대통령 취임사에서 '국가발전과 국민행복이 선순환하는 새로운 미래'를 열겠다고 했다. 박근혜는 2015년 12월 8일 노동과 경제 관련 법안, 테러방지법의 입법에 신중한 야당을 겨냥해 '명분과 이념의 프레임에 갇힌 기득권 집단의 대리인', '청년과 나라의 미래에 족쇄'라는 거친 표현을 쓰며 맹비난했다. 박근혜는 2016년 1월 25일 청와대에서 주재한 수석비서관회의에서 "우리 아들딸들 장래를 외면하고 나라의 미래를 내다보지 않는 정치권의 일부 기득권 세력과 노동계의 일부 기득권 세력의 개혁 저항에 조금도 흔들리지 않고 국민과 함께 개혁을 추진해나갈 것"이라고 했다. 박근혜는 2016년 2월 2일 청와대 국무회의에서 "우리 경제에 빨간불이 켜져 있는데 발목을 잡는 것은 기업들과 개인 창업자들의 미래를 가로막는 일"이라고 했다. 2016년 2월 24일 박근혜 대선 캠프의 싱크탱크로, 집권 첫해 박근혜 정부 최대 인력 공급소 역할을 했던 국가미래연구원 원장 김광두는 "위기를 극복할 수 있는 대통령의 리더십을 보여주지 못했다"며 집권 2년 만에 사실상 박근혜와 결별했지만, 박근혜는 이에 굴하지 않고 3월 "사회가 갈등하고 국론이 분열된다면 우리의 미래는 보장할 수 없을 것"이라고 강조했다. 박근혜 게이트 이후에도 박근혜 지지를 멈추지 않은 『미디어펜』 대표 이의춘은 이런 주장을 폈다. "야당은 박근혜 죽인다고 최순실 예산을 다 삭감하겠다고 벼르고 있다. 문화융성 사업들은 미래 먹거리 사업이다. 이것 예산을 불에 태우는 것은 우리 자녀들의 희망을 박탈하는 것이다. 먹고살기 힘들어하는 자영업자 등 내수 종사자의 희망을 빼앗는 것이다. 야당의 정략적 행태는 국가적 자살행위다." [사설] 상습적인 야당 협박, 대통령의 후안무치」, 『한겨레』, 2015년 12월 9일; 이용욱, 「정책 반대를 "기득권 세력의 저항" 규정…총선 코앞 편가르기」, 『경향신문』, 2016년 1월 26일; 이가영, 「"일하고 싶다는 청년들의 절규에 속이 새까맣게 타"」, 『중앙일보』, 2016년 2월 3일; 김남일, 「박근혜를 떠난, 박근혜가 버린 사람들」, 『한겨레』, 2016년 2월 25일; 박재현, 「김무성은 왜 영도다리에 섰나」, 『중앙일보』, 2016년 3월 26일; 이의춘, 「박근혜 대통령 미르재단 설립 통치행위 문제없어」, 『미디어펜』, 2016년 11월 18일.

94 안홍욱, 「박 대통령, 일말의 역사의식이 남아 있다면」, 『경향신문』, 2016년 11월 21일.

'미래의 저주'인가. 미래지향적 교육혁신을 내세워 '미래대학' 설립을 추진 중인 고려대가 소통 부족 등을 주장하는 학내 반발과 '정부 재정 지원 사업이 아니냐'는 세간의 오해 등 이중고로 울상을 짓고 있다. 특히 '최순실 국정 농단 사건'으로 국민의 퇴진 요구에 직면한 박근혜 대통령이 유독 '미래'라는 단어와 관련이 깊었던 탓에 오해가 더 커졌다. 박 대통령은 2002년 한나라당을 탈당해 한국미래연합을 창당한 전력이 있고, 현 정부 출범 후에는 미래창조과학부가 신설됐다. 이화여대는 교육부 지원을 받아 '미래 라이프 대학' 사업을 추진하다 학생들의 반대로 철회했다.……고려대는 특히 이번 사업에 '미래' 용어가 사용된 것과 관련, 정부가 추진하는 30억 원 규모의 대학 재정 지원 사업인 '평생교육 단과대학' 사업과는 전혀 관계가 없다고 강조했다. 고려대가 독자적으로 추진하는 사업임에도 불구, 이화여대에서 추진하다가 논란을 빚었던 '미래 라이프 대학'과 비슷한 사업으로 비치는 바람에 주변으로부터 큰 오해를 받고 있다는 주장이다. 그러나 총학 관계자는 "학생들이 느끼기에는 정부 지원 대신 기업 지원을 받겠다는 점만 다르지, 특성화와 융합을 강조하는 등 박근혜 정부가 강조하는 교육 기조와 크게 다르지 않아 보인다"고 반발했다.[95]

보수 세력은 박근혜가 반공주의와 독재 미화 등과 같은 과거지향적인 '아버지를 위하여' 한 일들에 대해 열광했고, 그걸 그녀의 위대

95 최준영, 「梨大 이어 高大도 '미래대학' 몸살」, 『문화일보』, 2016년 11월 29일.

한 업적으로 칭송했다. 그들은 박근혜가 '최순실을 위하여' 한 일들에 대해 열광하진 않았지만 침묵으로 방관하거나 이권 배분에 참여함으로써 사실상 그것들을 긍정했다. 그러다가 '최순실을 위하여' 한 일들의 불법성과 야만성이 폭로되자, 그들은 그걸 전혀 몰랐다는 듯 펄펄 뛰면서 이로 인해 '아버지를 위하여' 한 일들이 훼손당할까 봐 전전긍긍하면서 반격의 궁리를 하느라 바쁘다. 이게 바로 현 상황이다. 이제부터 "권력 사유화를 당연하게 여긴 권력 중독자"(제2장), "'1970년대의 청와대'에 유폐된 과거 중독자"(제3장), "최순실 일가에 40년간 '포획'된 무기력자"(제4장)라고 하는 박근혜의 세 얼굴을 살펴보기로 하자.

박근혜는

권력 사유화를 당연하게 여긴

권력 중독자

"권력은 매우 파워풀한 약물이다"

수많은 실험 결과, 권력을 갖게 되면 다른 사람들이 세상을 어떻게 보고, 세상에 대해 어떤 생각을 하고 어떻게 느끼는지를 이해하는 데에 둔감해진다는 것이 밝혀졌다.[1] 아무리 겸손하고 성실한 사람이라도 권력을 갖게 되면 즉흥적·비윤리적·상투적으로 행동하고 다른 사람들에 대해 무관심해지고 무례하게 말한다. 미국 캘리포니아대학(버클리) 심리학자 대처 켈트너Dacher Keltner는 『권력의 역설The Power Paradox: How We Gain and Lose Influence』(2016)에서 이를 가리켜 '권력의 역설'이라고 표현했다.[2]

---

1 Gene Healy, 『The Cult of the Presidency: America's Dangerous Devotion to Executive Power』(Washington, D.C.: Cato Institute, 2008), p.255.
2 김재수, 『99%를 위한 경제학』(생각의힘, 2016), 21쪽.

켈트너는 권력에 빠진 사람은 뇌의 '안와 전두엽眼窩 前頭葉'이 손상된 환자처럼 행동한다고 주장했다. 안구가 있는 곳 바로 뒤의 이곳이 손상되면 충동적이고 남을 배려하지 않는 행동을 한다. 켈트너는 "권력의 경험은 누군가 두개골을 열고 감정이입을 하는 뇌 영역을 끄집어내는 것과 같은 것"이라고 묘사하기도 했다. 그는 "다행인 점은 뇌는 상황에 따라 바뀔 수 있다는 것"이라며 "중국 도교道敎에서 '사람을 이끌려면 그들 뒤에서 걸어가라欲先民 必以身後之'고 한 말은 과학적으로도 올바른 말"이라고 밝혔다.[3]

미국 스탠퍼드대학 심리학자 필립 짐바르도Philip Zimbardo, 1933~는 『루시퍼 이펙트: 무엇이 선량한 사람을 악하게 만드는가The Lucifer Effect: Understanding How Good People Turn Evil』(2007)에서 아무리 선량한 사람일지라도 상황에 따라 권력이 생기면 악마로 변할 수 있는 걸 가리켜 '루시퍼 효과'라고 했다.[4]

왜 권력이 사람을 바꾸는 걸까? 뇌 · 신경 심리학자인 아일랜드 트리니티칼리지 교수 이안 로버트슨Ian Robertson, 1951~은 『승자의 뇌 The Winner Effect』(2013)에서 그 이유를 테스토스테론이라는 남성 호르몬에서 찾았다. 그는 "성공하면 사람이 변한다고들 하는데 맞는 말이다. 권력은 매우 파워풀한 약물이다Power is a very powerful drug"며 다

3 이영완, 「권력은 腦를 바꾼다…감정이입 '거울 뉴런' 작동 멈춰」, 『조선일보』, 2014년 12월 22일.
4 필립 짐바르도(Philip Zimbardo), 이충호 · 임지원 옮김, 『루시퍼 이펙트: 무엇이 선량한 사람을 악하게 만드는가』(웅진지식하우스, 2007); 강준만, 「왜 선량한 네티즌이 '악플 악마'로 변할 수 있는가?: 루시퍼 효과」, 『우리는 왜 이렇게 사는 걸까?: 세상을 꿰뚫는 50가지 이론 2』(인물과사상사, 2014), 265~270쪽 참고.

음과 같이 말한다.

"인간의 뇌에는 '보상 네트워크'라는 것이 있다. 뇌에서 좋은 느낌이 들게 하는 부분이다. 권력을 잡게 되면 이 부분이 작동한다. 테스토스테론이란 남성호르몬을 분출시키고, 그것이 도파민이라는 신경전달물질 분출을 촉진해 보상 네트워크를 움직인다. 그래서 사람을 더 과감하고, 모든 일에 긍정적이며, 심한 스트레스를 견디게 한다. 권력은 항우울제다. 또 도파민은 좌뇌 전두엽을 촉진해 권력을 쥔 사람을 좀더 스마트하고, 집중력 있고, 전략적으로 만들어준다. 하지만 지나친 권력은 코카인과 같은 작용을 한다. 중독이 된다는 얘기다. 너무 많은 권력을 가지게 되면, 너무 많은 도파민이 분출된다. 다른 사람에게 공감하지 않고, 실패에 대해 걱정하지 않고, 터널처럼 아주 좁은 시야를 갖게 하며, 오직 목표 달성이란 열매를 향해서만 돌진하게 된다. 인간을 자기애에 빠지게 하고, 오만하게 만든다. 권력은 모든 상황을 자신이 통제할 수 있다는 환상에 빠지게 한다. 권력은 코카인, 섹스, 돈과 마찬가지로 도파민이라는 공동 통화를 사용한다. 적절한 통제감은 스트레스로부터 우리를 보호해주지만, 지나치면 착각으로 바뀐다.……인간의 뇌는 심지어 자세를 바꾸는 것만으로 바뀐다. 인간의 뇌는 '내가 지배자야'라고 생각하도록 속일 수 있다. 사장님 자세를 취한 것만으로 테스토스테론 수준이 올라가며 도파민이 증가한다. 인턴 자세를 취한 것만으로 당신의 테스토스테론 수준은 낮아질 것이다."[5]

로버트슨은 "인류 문명의 발명품 가운데 하나인 민주주의는 권력이 뇌를 바꾸어놓는 화학작용 및 그 결과로부터 우리와 우리의 아이들을 보호한다는 가장 중요한 목적에 복무하도록 진화했다"고 했지만,[6] 아무래도 한국의 민주주의는 아직 진화가 덜된 모양이다. 로버트슨은 "심리적으로 강한 권력욕을 가진 정치 지도자는 제도적으로 설정된 내각이나 위원회 조직을 물리치고 소규모의 핵심 조직을 통해서 정부를 운영하려 드는 경향이 있다"고 했는데,[7] 박근혜의 '비밀 사설 정부'는 그 수준이 너무도 천박하고 부실했다는 점에서 독보적이었다.

'박근혜 게이트'는 사실 권력 중독에 관한 이야기

또 다른 실험을 보자. 캐나다 윌프리드로리어대학과 토론토대학 공동 연구진은 2014년 4월 『실험 심리학 저널』에 발표한 논문에서 권력을 가지면 뇌가 상대를 이해하지 못하고, 심지어 마약중독과 같은 상태에 빠진다는 실험 결과를 발표했다. 이들은 실험 참가자들에게 남에게 의존했거나 반대로 다른 사람을 압도했던 경험을 글로 쓰게 했다. 자신을 미약한 존재거나 반대로 상사처럼 힘을 가진 존재로 잠시 생각하게 한 것이다. 이 상태에서 누군가 손으로 고무공을 쥐

---

5   최원석, 「Weekly BIZ」 [7 Questions] "권력 잡으면 腦가 변해…터널처럼 시야 좁아져 獨走할 가능성 커져", 『조선일보』, 2014년 7월 5일.
6   이안 로버트슨(Ian Robertson), 『승자의 뇌: 뇌는 승리의 쾌감을 기억한다』(알에이치코리아, 2012/2013), 173쪽.
7   이안 로버트슨(Ian Robertson), 『승자의 뇌: 뇌는 승리의 쾌감을 기억한다』(알에이치코리아, 2012/2013), 172쪽.

는 영상을 보여주면서 뇌 활동을 측정했다. 사람의 뇌에는 다른 사람의 몸짓을 보거나 말을 들으면 그 사람과 같은 느낌을 받게 하는 신경세포가 있다. 바로 '거울 뉴런mirror neuron'이다.

1990년대 이탈리아 과학자들이 원숭이에게서 처음 발견한 현상으로, 상대가 공을 쥐는 모습을 바라보면 내 뇌에서도 공을 쥐는 것과 관련된 신경이 작동하는 식이다. 인간을 비롯한 영장류 모두가 거울 뉴런을 갖고 있어 동료의 고통을 제 것인 양 느낄 수 있다. 실험 결과 권력을 가졌던 기억을 떠올린 사람은 거울 뉴런이 거의 작동하지 않았다. 반면 힘이 약한 존재라는 생각을 한 사람은 거울 뉴런이 활발하게 작동했다. 결국 폭압적인 상사는 부하 직원이 느끼는 고통을 보고도 "아프냐, 나는 모른다"고 말할 수밖에 없다는 것이다.[8]

심지어 시간 개념도 달라진다. 미국 캘리포니아대학(버클리) 세리나 첸 교수팀은 2014년 7월 『실험 사회 심리학 저널』에 "상사는 같은 시간이라도 부하보다 더 길게 느낀다"고 밝혔다. 반대로 직원들이 주어진 과제를 해결하는 데 필요한 시간은 더 짧게 본다. 결국 상사는 "시간이 그리 많은 데도 일을 빨리 못한다"고 부하 직원에게 고함을 지르게 된다는 것이다.[9]

그걸 꼭 실험을 해봐야 아느냐고 말하고 싶은 사람도 많다. 영국 정치인이자 역사가인 액턴 경Lord Acton, 1834~1902은 "권력은 부패하며, 절대 권력은 절대 부패한다"고 했고, 미국 작가이자 환경운동가인

8　이영완, 「권력은 腦를 바꾼다…감정이입 '거울 뉴런' 작동 멈춰」, 『조선일보』, 2014년 12월 22일.
9　이영완, 「권력은 腦를 바꾼다…감정이입 '거울 뉴런' 작동 멈춰」, 『조선일보』, 2014년 12월 22일.

에드워드 애비Edward P. Abbey, 1927~1989는 "권력은 늘 위험하다. 가장 나쁜 것들을 유혹하며 가장 좋은 것들을 타락시킨다"고 했으며, 미국 작가이자 역사가인 바버라 터치먼Barbara Tuchman, 1912~1989은 "모든 성공한 혁명은 조만간 자신이 몰아냈던 폭군의 옷을 입는다"고 했다.[10]

　모두 다 유념해야 할 말들이지만, 그렇다고 해서 너무 결정론적으로 생각하지 않으면 좋겠다. 권력 없인 아무 일도 할 수 없는 게 현실이니 말이다. '견제와 균형'이야말로 권력의 타락에 대한 유일한 안전장치건만, '박근혜 게이트'는 그 안전장치마저 농락했다는 점에서 우리를 더욱 우울하게 만든다. 그나마 언론이라도 있었던 걸 다행으로 여겨야 하는가? 쉽진 않을망정 전 국민이 "너 내가 누군지 알아?"라고 말하는 자들에겐 "몰라!"라고 단호하게 말해주는 것만이 궁극적인 해결책이 아닐까?

　'박근혜 게이트'는 사실 권력 중독에 관한 이야기이기도 하다. 권력 중독자가 자신의 권력 중독을 깨달을 수 있을까? 불가능하다고 말할 순 없겠지만 거의 기대하기 어렵다. 생물학자 에드워드 윌슨의 말처럼, 사람들은 자신의 마음에 대해서 자신의 자동차만큼도 알지 못하기 때문이다.[11] 미국 심리학자 데이비드 와이너David L. Weiner가 쓴 『권력 중독자』라는 책에 근거해 이제부터 열거할 10가지 권력 중

10　Edward Hallett Carr, 『What Is History?』(New York: Vintage Books, 1961), p.67; 엘리엇 애런슨(Elliot Aronson)·캐럴 태브리스(Carol Tavris), 박웅희 옮김, 『거짓말의 진화: 자기정당화의 심리학』(추수밭, 2007), 302쪽.
11　데이비드 L. 와이너(David L. Weiner), 임지원 옮김, 『권력 중독자』(이마고, 2002/2003), 44쪽.

독 현상을 음미해보면서 자기 자신 혹은 주변 사람들을 검증해보는 것도 좋을 것이다.

권력 중독자가 보이는 10가지 증상

(1) 권력 중독자는 외면적으로는 순진하고 따뜻한 성품에서부터 뻔뻔하고 전제적인 성격까지 다양한 모습을 보일 수 있다. 권력 중독자를 보통 사람들과 구분해주는 특성은 좀더 높은 수준의 지배력과 지위를 얻기 위해서 필요하다면 종종 도덕이나 윤리, 예의, 상식마저 무시한 채 물불을 가리지 않는 본능적이고도 자동적인 욕구이다.[12]

(2) 권력 중독자는 필요할 경우 매력을 발휘하기도 한다. 때로는 재치 있는 응수로 상대방을 매료시킬 수도 있다.……그는 자신의 가치에 대한 과대망상적 신념을 가지고 있다. 그에게는 세상에 자기보다 똑똑하거나 창의적인 사람은 없다.……잘못되면 남의 탓을 한다. 언제나 자기 잘못은 하나도 없다. 어떤 잘못에 대해서든지 그 책임을 다른 이에게 뒤집어씌울 방도를 기가 막히게 찾아낸다.[13]

(3) 권력 중독자는 어떤 방식으로 생각을 할까? 이것이야말로 가장 중요

o --

12 데이비드 L. 와이너(David L. Weiner), 임지원 옮김, 『권력 중독자』(이미고, 2002/2003), 25~26쪽.
13 데이비드 L. 와이너(David L. Weiner), 임지원 옮김, 『권력 중독자』(이마고, 2002/2003), 26~27쪽.

한 문제인데, 결론부터 말하자면 그들은 생각을 하지 않는다. 적어도 우리가 사용하는 의미의 '생각'이라면 말이다.……권력 중독자의 사고방식을 바꾸려는 시도는 무익하고 쓸데없는 것이다. 그것은 마치 약물이나 알코올에 중독된 사람에게 합리적인 설명으로 약물이나 알코올을 끊으라고 설득하는 것과 다름없다.[14]

(4) 오늘날 영토에 대한 욕구는 권력 및 지위 욕구와 한데 결합되어 있으며 21세기의 생활방식에 맞게 적용되었다.……권력 중독자에게 땅과 재산은 어머니의 젖과 같다. 땅과 재산은 권력과 지위를 반영하는 상징이기 때문에 당연히 더욱 많은 땅과 재산을 원한다. 아무리 많아도 결코 충분하지 않다.[15]

(5) 권력 중독자는 자신의 가치를 부풀려서 인식한다. 그는 자신의 권리에 대하여 과장된 인식을 가지고 있다. 따라서 삶의 일반적인 규칙은 자신에게는 적용되지 않는다고 생각한다. 자신이 우주의 중심이라고 생각하며 다른 이들의 견해는 전혀 고려 대상이 아니다.[16]

(6) 권력 중독자는 다른 사람에 대한 감정이입이 불가능하다. 그는 다른 이들의 감정에 대해서는 전혀 관심을 두지 않는다. 다른 이들의 승인을

14 데이비드 L. 와이너(David L. Weiner), 임지원 옮김, 『권력 중독자』(이마고, 2002/2003), 32~33쪽.
15 데이비드 L. 와이너(David L. Weiner), 임지원 옮김, 『권력 중독자』(이마고, 2002/2003), 74쪽.
16 데이비드 L. 와이너(David L. Weiner), 임지원 옮김, 『권력 중독자』(이마고, 2002/2003), 121쪽.

필요로 하지 않는다. 다른 이들은 그에게 그저 이용 대상일 뿐이며, 그의 삶이라는 장기판 위의 쭈(졸)에 지나지 않는다.[17]

(7) 권력 중독자는 직장, 가정, 공동체에서 자신의 지위 또는 서열이 어떻게 간주되는지가 자기 인생에서 매우 중요한 것이라고 생각한다. 그와 같은 서열을 성취하고 유지하고자 하는 욕구 때문에 그들은 자신보다 낮은 지위에 있다고 생각되는 사람들의 삶을 비참하게 만들 수 있다.[18]

(8) 권력 중독자는 측근을 필요로 한다.……이너서클의 부하들은 복종적이며 극단적인 조건에서도 충성심을 보임으로써 권력자 주위의 자리를 차지한다.[19]

(9) 가면을 쓴 권력 중독자는 겉보기에는 위협적이거나 전제적이지 않다. 그는 다른 사람들에게 겁을 주며 괴롭히거나 조롱하지도 않는다. 실제로 그의 겉모습은 부드럽고 친절하며 따뜻하고 남을 배려하는 것처럼 보인다. 그렇지만 그는 더 높은 지위와 권력을 얻기 위해서라면 우정을 희생시키고 동료나 부하를 내몰아버릴 수도 있다.[20]

(10) 권력 중독자인 상사의 신뢰를 유지하는 것은 그 자체가 온통 관심

17 데이비드 L. 와이너(David L. Weiner), 임지원 옮김, 『권력 중독자』(이마고, 2002/2003), 121쪽.
18 데이비드 L. 와이너(David L. Weiner), 임지원 옮김, 『권력 중독자』(이마고, 2002/2003), 140쪽.
19 데이비드 L. 와이너(David L. Weiner), 임지원 옮김, 『권력 중독자』(이마고, 2002/2003), 159쪽.
20 데이비드 L. 와이너(David L. Weiner), 임지원 옮김, 『권력 중독자』(이마고, 2002/2003), 209쪽.

을 기울여야 할 당신의 임무 중 하나이다. 왜냐하면 어떤 경우에도 완벽한 신뢰를 얻을 수 없기 때문이다. 매주, 아니 매일매일 새롭게 신뢰를 쌓아나가야 한다. 심지어 권력 중독자의 측근이 된, 선택받은 소수의 사람 역시 권력 중독자 앞에서는 매일매일 말을 조심해야 한다. 단 한 번의 실수, 단 한 번의 일탈이 권력 중독자인 상사의 지위 또는 편집증 프로그램의 방아쇠를 당기게 되고 그 결과 영원히 그의 신뢰를 잃어버리게 될 수도 있다.[21]

"박근혜의 공주병은 큰 정치적 자산"

각자 양상은 좀 다르지만, 박근혜와 최순실은 권력 중독자였다. 박근혜의 권력 중독은 '공주형'이라는 점에서 일반적인 권력 중독과는 좀 다른 양상을 보이긴 했지만, 자신의 권력과 권력 행사 방식을 상식의 수준에서 객관화해서 볼 수 없다는 점에선 다를 게 없었다. 성공회대학교 교수 한홍구는 박근혜가 권력 중독에 빠지는 데엔 최태민이 기여를 했다고 말한다. 어린 시절의 박근혜는 그렇게 남들 앞에 나서는 성격은 아니었지만, 최태민이 박근혜 안에 숨어 있던 권력 의지를 끄집어냈다는 것이다. 그는 다음과 같이 말한다.

"박근혜도 처음에는 어색했을지 몰라도 여기저기 다녀보니 대접

21 데이비드 L. 와이너(David L. Weiner), 임지원 옮김, 『권력 중독자』(이마고, 2002/2003), 299~300쪽.

도 받고 재미도 있었던 것으로 보인다. 1970년대가 과히 멀지 않은 것 같지만 그때의 할아버지 할머니들은 박근혜가 나타나면 공주님 오셨다며 흙바닥에 엎드려 큰절을 올리던 때였다. 결혼도 하지 않은 20대 중반의 젊은 처자가 갓 쓰고 도포 입은 노인들을 세워놓고 충효에 대해 두 시간씩 강연하는 것은 어느 모로 보나 어색한 일이었다. 박근혜가 조금 성숙했더라면 절대 그런 경우를 만들면 안 되었고, 그런 대접에 도취해서도 안 되는 일이었다. 그런데 박근혜는 최태민이 만드는 자리에 기꺼이 참석하여 사명감을 갖고 연설했다. 오죽했으면 김재규가 육영수 여사도 그러지 않으셨다는 말까지 해야 했을까. 박근혜는 최태민이 인도해준 새로운 세계를 매우 즐겼다. 최태민이 마련한 구국봉사단 행사는 박근혜가 퍼스트레이디 대행으로 참석하는 여느 행사와는 또 달랐다. 다른 행사에서 박근혜는 극진한 대접을 받는 귀빈이었지만, 최태민이 마련한 행사에서는 주인이었다."[22]

순천향대학교 경찰행정학과 교수(프로파일러) 오윤성은 "대통령은 권위 있는 어떤 것에 남들보다 더 강하게 의존하는 '후천성 의존성 성격장애', 우리가 흔히 '공주병'이라고 부르는 '자기애성 성격장애'가 겹쳐진 경우다"며 다음과 같이 말한다.

"대통령의 특수한 과거를 보자. 최태민이 '여왕이 된다'고 했는데 그대로 그렇게 됐다. 그에게 의존해, 그 결과가 좋게 나왔으니 그 딸에게까지 의존성이 강화되는 건 당연하다. 또 하나의 축은 대통령

○
22 한홍구, 「권력형 개인 비리 최태민, 총체적 국정 농단 최순실」, 『경향신문』, 2016년 11월 5일.

은 중학교 때부터 대통령의 딸로, 대학생 때 퍼스트레이디로 살아왔다는 점이다. 남들이 항상 떠받들어준다. 90년대 영남에서 대선에 나왔을 때, 심지어 노인들은 큰절을 올렸다. 지지자들에게 박 대통령은 선친의 아우라를 물려받은 사람이다. 문제는 그런 아우라를 바탕으로 대통령이 됐는데, 육영재단 정도는 몰라도 국가를 경영할 능력은 되지 않았던 것이다. 미리 답안지를 보고 전교 1등을 했지만, 세계 대회에 혼자 힘으로 나가야 한다면 불안감은 커진다. 이것을 최씨 일가에 대한 의존성으로 메우려 한 것으로 보인다."[23]

생각하기에 따라선 박근혜의 공주병도 큰 정치적 자산이었다. 박근혜와 결별하기 전 전여옥은 박근혜에게 호감을 갖고 있는 사람도 박근혜의 공주병에 대해 말한다며 어느 의원의 말을 소개했다. "초선 의원인데도 행사장 맨 앞줄에 당연하다는 듯이 턱 앉더라. 정치 초년병으로 초선 의원이면 초선이 앉을 자리가 따로 있는 데도 말이다. 자기 집 안방 아랫목 차지하듯 상석에 앉는다. 마치 부총재처럼." 전여옥은 박근혜의 공주병을 뒤집어서 그의 장점으로 해석했다.

"대단한 정치적 역량이다. 결론은 이렇다. 그녀가 공주병 환자라면 공주 대접을 하는 이들을 잘 이용하고 다스려 공주로서 얻을 것을 착실히 얻어낸 것이다. 이제는 공주병 이야기에도 익숙해진 듯 '국민을 대변하는 공주라면 괜찮지 않을까요?'라며 우스개로 받아넘길 정도로 '공주'는 달라졌다. 박근혜에게는 확실히 사람을 매료시키

23 박은주, 「정신분석가, 심리전문가가 보는 대통령의 지금 마음 상태는?」, 「조선닷컴」, 2016년 11월 29일.

는 힘이 있다."[24]

왜 박근혜는 비가 와도 우비 모자 하나 스스로 못 쓰나?

박근혜의 권력 중독을 최초로, 본격적으로 고발한 이는 앞서 박근혜의 공주병을 긍정적으로 해석했던 전 새누리당 의원 전여옥이다. 박근혜가 한나라당 대표로 있던 지난 2005년 그의 '복심'으로 불리며 대변인으로서 그를 보좌했던 전여옥은 17대 대선을 8개월 앞둔 2007년 4월 "박근혜 대표 주변 사람들은 무슨 종교 집단 같다"며 박근혜와의 결별을 선언했다. 그로부터 약 5년 후인 2012년 1월 전여옥은 19대 총선 출마 전 출판 기념회용으로 기획해 저술한 책 『i 전여옥: 전여옥의 '私, 생활'을 말하다』를 출간했다. 이 책은 박근혜에 대한 생생한 평가를 담아냈지만 당시엔 외면받다가 '박근혜 게이트' 이후 뒤늦게 주목을 받으면서 큰 화제가 되었다. 전여옥의 몇 가지 어록을 소개하자면 다음과 같다.

(1) 박근혜의 권력 의지는 대단했다. 나는 그녀를 관찰하면서 아 저렇게까지 대통령이 되고 싶을까 싶었다. 그러면서 몇 가지 사실을 알게 되었다. 그녀에게 있어서는 권력이란 매우 자연스럽고 몸에 맞는 맞춤옷 같

○ -

24 김인만 엮음, 「놀지 마세요 박근혜: 대한민국 네티즌의 '근혜사랑' 이야기」(바른길, 2004), 257~258쪽.

은 것이라는 것, 그리고 더 나아가 그녀에는 생활필수품이라는 것을 말이다. 박근혜에게 한나라당은 '나의 당My party'이었다. 대한민국은 우리 아버지가 만든 '나의 나라My country'이었다. 이 나라 국민은 아버지가 긍휼히 여긴 '나의 국민My people'이었다. 물론 청와대는 '나의 집My house'이었다. 그리고 대통령은 바로 '가업', 즉 '마이 패밀리스 잡My family's job'이었다.[25]

(2) 2005년 대구에서 있었던 행사로 기억된다. 대변인 시절이다.……비가 주르륵 내리기 시작했다. 날씨가 워낙 꿈꿈했기에 모두들 천 원짜리 일회용 우비를 입고 행사를 하고 있었다.……옆에 있던 김태환, 이해봉 의원이 내게 말하는 것이었다. "아니 전 대변인, 뭐하고 있나? 대표님 머리 씌워드려야지.""???" 순간 나는 당황했다. 아니, 자기 우비의 모자는 자기가 쓰면 되는 것 아닌가? 그리고 나는 대변인이지 시중꾼은 아니지 않는가? 나는 짐짓 못들은 척하고 있었다. 그런데 두 의원이 계속해서 큰소리로 이야기를 하는 것이었다.……박근혜는 내가 씌워주기를 기다렸다. 그녀뿐만 아니라 흥미진진하게 지켜본 수많은 언론인들이 카메라를 들이대며 기다리고 있었다. 나는 천천히 일어났다. 그러자 카메라 플래시가 미친 듯이 여기저기서 터졌다. 파파팍. 나는 박근혜 대표의 커다란 올림머리가 비에 젖지 않도록 조심스럽게 우비 모자를 씌워주었다. 박근혜 대표는 여전히 한마디도, 미동도 없었다.[26]

25 전여옥, 『전여옥: 전여옥의 私, 생활을 말하다』(현문, 2012), 118~119쪽.
26 전여옥, 『전여옥: 전여옥의 私, 생활을 말하다』(현문, 2012), 133~135쪽.

(3) 하루는 어머니들과의 대화를 위해서 패스트푸드점을 찾았는데 박근혜 위원장이 햄버거를 먹지 않고 있기에 '왜 먹지 않냐'고 물었더니 대답이 없더라. 보좌관이 포크와 나이프를 들고 오니 그제야 먹었다.……박근혜 위원장은 클럽에 갈 때에도 왕관을 쓰고 갈 것 같다.……박근혜 위원장은 자기의 심기를 요만큼이라고 거슬리거나 나쁜 말을 하면 절대로 용서하지 않는다. 그가 용서하는 사람은 딱 한 명 자기 자신이다.……친박 의원들이 박근혜 대표의 뜻을 헤아리느라 우왕좌왕하는 것은 널리 알려진 사실이다. 그러면 박 대표는 '제가 꼭 말을 해야 아시나요?'라고 단 한마디 한다. '내가 말하지 않아도 알아서 해라' 하는 것은 그 자체가 비민주적이다.[27]

'마리 앙투아네트'의 몸을 가진 박근혜?

전여옥은 『월간중앙』(2016년 12월호) 인터뷰에서 "당대표를 거쳐 대통령에까지 오른 인물이 어쩌다 이 지경에 이르렀다고 생각하나?"라는 질문에 대해 "가장 큰 이유는 자신의 능력을 넘어서는 권력 의지 때문이라고 본다"며 다음과 같이 답했다.

"박 대통령이 가장 싫어하는 것이 '콘텐트가 없다'는 말과 '수첩공주'라는 말이다. 그걸 보면 자신의 역량에 대해 스스로도 아는 것

o
27 강민혜, 「"박근혜 화법은 베이비 토크" 다시 주목받는 전여옥 어록」, 『노컷뉴스』, 2016년 10월 27일.

같긴 하다. 박 대통령에게 이런 말을 직접 들은 적이 있다. '최태민 씨가 박 대통령에게 세 번이나 편지를 보내서 꿈에 육영수 여사가 나타나 나는 아시아의 지도자가 될 너를 위해 자리를 비켜준 것이다. 더이상 슬퍼하지 마라'고 했다는 것이다. 어머니가 자신을 위해 희생했다는 말을 들었다면 펑펑 우는 것이 정상 아닌가? 그런데 아시아의 지도자라는 말에 감격하는 모습을 보며 머릿속이 하얘졌다. 또 2002년에 김정일을 만났을 때 그가 '2세끼리 잘해보자'고 했다며 뿌듯해했다. 상설면회소 설치를 제외하고 김정일이 (우리 측 요구를) 들어준 것이 없는데도 자기 부탁을 다 들어줬다며 어린애처럼 좋아했다. '자기최면에 걸려 있다'라는 생각이 들었다. 정치인들의 탐욕도 '최순실 국정 농단'에 책임이 있다고 생각한다. 배지를 달기 위해 국민을 속인 것이다. 야당에도 엄청난 정보가 있었을 텐데 역시 입을 다물었다. 국민의 '감성적 투표'도 원인 중 하나일 것이다.……박근혜 대통령은 자신을 영국의 엘리자베스 1세 여왕으로 생각하는 것 같다. 2007년 한나라당 대선 후보 경선 때의 일이다. 기획팀에서 박 후보를 영국의 수상이었던 마거릿 대처 이미지로 띄우자고 건의했다. 그런데 박 후보는 몹시 기분 나빠했다. 자신이 존경하는 인물은 엘리자베스 1세 여왕이라고 하더라. 2010년 12월 한나라당 모 중진 의원이 이런 말을 했다. '박 대표는 자신을 대통령(후보)이 아닌 세습 군주라고 생각하는 것 같다.' 나는 1차 대국민담화(10월 25일)를 보며 이게 꿈인가 생시인가 했다. 예상은 했지만 저럴 수가 있을까 싶었다. 저렇게 순순히 인정할 수밖에 없는 엄청난 것이 있구나 했다. 2차 대국민담화(11월 4일)에서는 자신을 세습군주로 여기고 있다는 느낌이 들었다. 기자회견도 없이, 기자들에게 질문조차 받지 않고 돌아서는 모습을 보면서 창피하다는 생각마저 들었다. 아무리 서툴러도 (대통령으로서) 국민의 궁금증을 풀어줄 정도의 자질은 있어야 한다." [28]

박근혜의 그런 특성은 세월호 참사 때에도 나타났다. 2014년 4월 정희진은 "세월호 침몰 사고 현장을 방문한 박근혜 대통령의 얼굴은 많은 것을 생각하게 한다. 얼굴이 피사체가 되면 매순간 표정이 카메라에 반영되기 때문에 한 장면만 놓고 분석하는 것은 공정하지 않다. 그럼에도 불구하고 박 대통령의 인상을 말한다면 (유)가족들이 항의하고 몸부림칠 때 그의 표정은 경직되어 있었다"며 다음과 같이 말했다.

"대통령, 아니 최악의 고통을 목격한 평범한 인간으로서 느낄 수밖에 없는 슬픔, 무력감, 기막힘을 공감하는 얼굴과는 거리가 멀었다. 통곡에 귀를 기울이고, 두 손을 잡고, 함께 눈물 흘리는 몸이 '안 되는' 캐릭터가 있다. 의지와 능력의 결여는 몸으로 드러난다. 어느 정도의 포커페이스는 모든 사람에게 필요한 자질이다. 감정이 즉각 얼굴에 드러나는 상황은 곤란하다. 포커페이스는 대개 위선이나 이중적 행동이라고 생각하지만, 필요악으로서 사회적 예의이기도 하다. 그러나 절대 권력자는 포커페이스 연기를 하지 않는다. 안하무인은 타인을 의식하지 않아도 되는 권력이다. 눈치 볼 필요가 없기

28 최경호, 「월간중앙 12월호」 "백번 양보한다 해도 당대표까지만 했어야 할 인물」, 「온라인 중앙일보」, 2016년 11월 26일.

때문에 자기 생각과 표정 차이를 조율하는 감정노동을 하지 않아도 된다. 이게 뻔뻔함이다. 박 대통령의 경직된 얼굴은 국민의 고통에 대한 무감각, 판단력 부재, 평소의 나르시시즘(독재성)이 합쳐진 결과다. 이런 상황에서 '이성을 잃은 미개한 민초'들이 울부짖으며 달려들자 그의 몸은 자신도 모르게 불쾌감으로 대응했다. 굳은 얼굴, 위로하는 역할을 해야 할 사람이 화가 난 것이다. 뻔뻔스러움조차 넘어선 '마리 앙투아네트'의 몸이다." [29]

"한국은 '아버지의 나라'이자 '나의 나라'"

김종필은 논란이 된 『시사저널』 인터뷰에서 박근혜에 대해 "한마디로 천상천하 유아독존天上天下 唯我獨尊이야. 저 혼자만 똑똑하고 나머지는 다 병신들이야"라고 했는데,[30] 사실 유아독존이야말로 전형적인 권력 중독 현상이다. 그런 권력 중독에 따라붙는 건 바로 나르시시즘이다. 독일 심리학자 베른하르트 그림Bernhard Grimm은 다음과 같이 말한다.

"자기애自己愛에 빠진 사람들은 주목받고 떠받들어지고 심지어 '신격화'되기를 원한다. 그리고 이럴 때에만 스스로 살아 있다고 느

29 정희진, 「위로하는 몸」, 『경향신문』, 2014년 4월 23일.
30 박혁진, 「김종필 전 총리 인터뷰 "5천만이 시위해도 박 대통령 절대 안 물러날 것"」, 『시사저널』, 제 1413호(2016년 11월 14일).

낀다. 이런 사람들은 주변 세계를 자신의 위성으로 만들어버린다. 주변 세계는 자신을 중심으로만 돌아야 한다고 생각한다. 나 혼자만 존재하며 내가 우주 전체라고 생각하는, 그야말로 천상천하 유아독존의 유형이다."[31]

약 2년 전인 2014년 12월 『한겨레』 국제부 선임기자 정의길은 「박근혜의 공주병, 아베의 왕자병」이라는 칼럼에서 이른바 공주병, 왕자병 리스크에 대해 말했다. 그는 "공식 명칭이 '자기애성 성격장애'인 이 병의 핵심 증세는 유아독존이다"며 다음과 같이 말했다.

권력형 공주·왕자병은 나라를 결딴낼 수 있다. 권력형 병자들은 자신의 능력보다는 주변 환경 덕택에 현재의 자리에 오른 사실을 모른다. 생득적인 주변 환경을 생득적인 능력으로 착각한다.……청와대 문건 사건이 일어나자 박근혜 대통령은 "세상 마치는 날이 고민이 끝나는 날이다, 이렇게 말을 할 정도로 어려움이 많다"며 "식사가 입으로 들어가는 건지, 어떻게 되는 건지 모르고……"라고 말했다. 중증의 공주병이다. '자기애성 성격장애'가 중증이 되면, 자신의 아픔은 강렬하게 느끼면서도 남의 아픔은 하찮게 여기게 된다. 마음이 상한 국민들에게 사과는 못할망정 자신이 더 아프다고 화를 낸 것이다. 김자옥의 노래처럼 '공주는 외로워'다.[32]

31 베른하르트 A. 그림, 박규호 옮김, 『권력과 책임: 최고 리더십을 위한 반(反)마키아벨리즘』(청년정신, 2002), 223쪽.
32 정의길, 「박근혜의 공주병, 아베의 왕자병」, 『한겨레』, 2014년 12월 19일.

2016년 11월 『한겨레』 논설위원 고명섭은 「박근혜 정신분석」이라는 칼럼에서 "박근혜는 10살 때 청와대에 들어가 27살 때까지 18년을 살았다. 자아가 형성되고 확고해지는 결정적인 시기를 권부의 한 가운데서 '공주'로 지냈다. 22살 때부터 5년 동안은 절대 권력자의 퍼스트레이디 노릇까지 했다. 박근혜에게 청와대는 어린 시절 뛰놀던 집이고 젊은 날의 영광이 깃든 마음의 고향이다. 아버지의 난데없는 죽음으로 그 고향을 떠나 바깥에서 보낸 세월은 박근혜의 의식 속에선 풍찬노숙의 타향살이였을 것이다. 대통령이 돼 34년 만에 청와대로 들어간 것은 꿈에도 그리던 집에 돌아온 것이나 다름없는 일이었다. 청와대는 어려운 시절을 견디고 되찾은 집이다. '어떻게 찾은 집인데 나한테 나가라 마라야' 하는 마음이 지금 박근혜의 마음 아니겠는가"라면서 다음과 같이 말한다.

더 들어가 보면 박근혜에겐 청와대가 자기 집일 뿐만 아니라 이 나라 전체가 자기 집이다. 박근혜의 환상 속에서 이 나라는 아버지 박정희가 세우고 키운 나라, 박정희의 나라다. "저는 외환위기 사태를 당하면서 엄청난 충격을 받았습니다. '이 나라가 어떻게 세운 나라인데 망할 수가 있는가' 하는 생각에 가만히 있어도 울컥 눈물이 쏟아졌습니다." 박근혜가 1998년 정치에 뛰어들고서 한 말이다. 이 나라는 아버지가 만든 나라이며 박정희야말로 이 나라의 주인이라는 믿음이 드러나 있다. 피와 땀을 흘려 근대화와 산업화를 이룬 진짜 주역인 국민은 박근혜의 안중에 눈곱만큼도 없다. 국민은 아버지의 시혜를 받은 백성, 피지배자에 지나지 않는다. 유신독재의 폭정도 떼쓰는 백성에게 들이댄 엄한 아버지의 회초리였을 뿐이다. 오늘의 대한민국은 아버지의 업적 위에 서 있다는 것이 박근혜의 의식 저층에 깔린 믿음이다. 이 나라 현대사는 아버지의 역사다. 바로 그 아버지의 역사와 유산을 온전히 물려받은 사람, 말하자면 '장자상속권'을 쥔 사람이 바로 박근혜 자신이다. 이 상속권에 따라 아버지의 나라는 박근혜의 나라가 된다. 박근혜의 눈으로 보면, 재벌도 아버지가 만들어 키운 것이고 아버지가 이룬 업적의 한갓 수혜자들일 뿐이다. 그렇다면 재벌들이 가진 돈을 좀 가져다 쓴 게 무슨 문제가 되겠는가. 어차피 재벌도 내가 소유한 이 나라의 일부일 뿐인데 말이다. 그러므로 박근혜의 마음에 미르재단 따위를 만들어 돈을 갈취한 것이 범죄가 된다는 의식이 있을 턱이 없다. 아버지가 만든 나라의 상속자이자 주인으로서 박근혜는 홀로 가장 높은 곳에 있다. 문고리 3인방은 말할 것도 없고 수족처럼 부린 안종범·우병우도 미천한 아랫것들일 뿐이다. 국무총리조차도 '문자로 면직 통고를 해도 되는' 하찮은 존재에 지나지 않는다.[33]

공직자를 죽이는 박근혜의 잔인한 권력 행사

박근혜의 권력 중독은 특히 관료사회가 '학습된 무력감learned helplessness'에 중독되게끔 하는 악영향을 미쳤는데, 이는 국가 백년대

33 고명섭, 「박근혜 정신분석」, 『한겨레』, 2016년 11월 23일.

계의 관점에서 보자면 그가 저지른 그 어떤 범죄보다 중대한 것이다. 박근혜의 권력 중독과 잔인한 권력 행사에 관한 다음 기사 6개를 보자.

(1) 『세계일보』는 2014년 11월 이른바 '정윤회·십상시 국정 농단' 청와대 문건을 보도했다. 대통령이 "문건 유출은 국기문란"이라고 하자 유출자 색출에 혈안이 됐다.……유출 경로의 출발점을 찾는 데 조급했던 청와대는 박모 경감을 시켜서 서울경찰청 정보분실 소속 한일 경위와 최경락 경위에게 접근했다. 박 경감은 한 경위에게 "녹취록이 있다면서요, 자진출두해 자백하세요. 그러면 불기소로 편의를 봐준다더라"고 회유했다.……그는 이튿날 새벽에 긴급 체포됐다. 검찰은 아무런 죄도 없는 그의 아내를 소환해 남편과 대질시키는 잔인한 짓도 저질렀다. 아내는 수갑 차고 포승줄에 묶인 남편을 본 뒤 바닥에 털썩 주저앉았다.……아내의 좌절을 본 한 경위는 최 경위에게 문건을 넘겼다는 허위 진술을 했다. 청와대 회유에 넘어가면 안 된다고 말렸던 최 경위는 검찰에 끌려갔다가 결백을 주장하는 유서를 남겨놓고 스스로 목숨을 끊었다. 그의 아내와 딸들은 가장을 잃었고 가정이 파괴됐다. 덫에 걸려들어 동료의 극단적 선택을 봐야 했던 한 경위는 정신병원 신세를 지고 트라우마로 고생하고 있다. 불기소는커녕 5개월간 복역했다. 경찰에서 파면되었고, 전셋집에서 쫓겨났다. 그는 "우병우 수석한테 박살날까봐 두렵다. 당시에도 너무 무서웠다"며 몸서리쳤다.[34]

(2) 고 최 경위는 당시 14장의 유서를 남겨 '경찰의 명예를 지키고 싶었

다'고 고백했다. 최 경위의 형은 "(동생이) 이 정부가 임기가 2년만 안 남았어도 끝까지 싸운다(고 했다)"며 "'근데 너무 길어서 희망이 없어. 싸워서 이길 수가 없어'라고 했다"고 전했다.……사건 관계자는 "최 경위가 지방(경찰)청 간부하고 통화를 해서 만났다고 했다"며 "'네가 안고 가라'는 거였다"고 말했다. 최 경위의 형은 최 경위의 죽음에 대해 "내 동생은 절대 자살이 아니예요. 타살이지"라고 말했다.[35]

(3) 젊은 공무원들도 상식 붕괴로 인한 고통을 호소하고 있다. 최순실 모녀 문제에 원칙적으로 대응한 노태강 전 문화체육관광부 체육국장, 진재수 전 체육정책과장이 박근혜 대통령의 지시에 의해 강제로 공직에서 쫓겨난 현실 때문이다. 정부부처 공무원인 배모(33) 씨는 "문체부 간부들의 일이 결코 남의 일이 아니다"며 박 대통령의 담화를 흉내내 "내가 이러려고 공무원이 됐나 하는 생각에 자괴감이 든다"고 말했다.[36]

(4) 공직사회는 자괴감과 함께 무력감을 토로하고 있다. 한 경제부처 간부는 "대통령의 '나쁜 사람'이란 한마디에 과장급조차 내쳐진 게 현실 아니었나. 누가 그 자리에 있었더라도 결국 눈 막고 귀 막으면서 주어진 지시에만 따랐을 것"이라고 말했다. '무력한 공직사회'의 밑바탕에는

---

34 한용걸, 「나는 고발한다」, 『세계일보』, 2016년 11월 17일.
35 「'그것이 알고 싶다' 故 최경위 자살 이유…'정윤회 문건' 당시 "네가 안고 가라"」, 『서울신문』, 2016년 11월 19일.
36 박민제 · 홍상지 · 윤재영, 「"상식 배신한 대통령"…집단 트라우마 시달리는 '하야 세대'」, 『중앙일보』, 2016년 11월 22일.

지나치게 비대한 청와대, 그리고 상대적으로 왜소해진 부처가 자리 잡고 있다는 게 전문가들의 진단이다. 이명박 정부 이후 각 부처 간부의 인사권은 사실상 장관의 손을 떠났고, 박근혜 정부 들어서는 이 기조가 더욱 강해졌다. 청와대 조직은 확대되고, 파견·전출되는 부처 공무원은 늘었다. 게다가 파견된 공무원은 원래 부서로 복귀할 때 '승진'이라는 당근을 받았다. 곧바로 장차관으로 복귀하는 경우도 늘었다. 각 부처 공무원들의 '청와대 눈치보기'가 공고화한 이유다.[37]

(5) 국가권력을 민간에게 넘겨준 박근혜 스캔들은 '침묵을 강요받지 않을 권리'가 무너지면서 시작됐다. 박근혜는 자기가 정해놓은 선을 넘어 부하가 무슨 얘기를 하는 것을 용납하지 않았다. 강요된 침묵의 문화에서 합리적인 이유를 대고 보스와 다른 의견을 내는 일은 물정 모르는 짓이다. 그런 사람은 차츰차츰 영문도 모르게 의사결정 라인에서 배제돼 갔다. 오직 예스맨들만 생존이 가능한 생태계다. 이런 구조에서 공적 시스템을 껍데기로 만들고 속으로 사조직, 사설私設 정부가 활개 치는 문제를 바로잡을 방법은 없다.[38]

(6) 작고한 김영한 전 청와대 민정수석이 남긴 비망록의 내용은 한마디로 충격 그 자체다. 언론 보도 등을 통해 연일 드러나고 있는 이 비망록

37 조민근·하남현·유성운, 「"청와대만 바라본 관료들, 이젠 민생만 보고 일하라"」, 『중앙일보』, 2016년 11월 23일.
38 전영기, 「"당신에게 정권을 넘길 수 있다"」, 『중앙일보』, 2016년 12월 2일.

은 청와대가 범죄 소굴이나 다름없었으며 박근혜 대통령 또는 김기춘 당시 대통령 비서실장이 주재한 수석비서관회의를 범죄음모회의라고 불러도 이상할 것이 없다는 사실을 보여준다.……김영한 비망록은 문화계 탄압에도 청와대가 앞장섰음을 적나라하게 보여준다. 김 실장의 지시사항에는 "문화예술계의 좌파 각종 책동에 투쟁적으로 대응", "영화계 좌파성향 인적 네트워크 파악 필요" 따위의 나치식 문화 탄압을 보여주는 문구들이 수시로 등장한다. 이 비망록을 통해 수석비서관회의가 대통령에 대한 비판과 관련해 사소한 것도 놓치지 않고 응징 방안을 논의했으며 비판적인 언론에도 탄압으로 일관했음을 알 수 있다.[39]

"찍히면 죽는다"는 공포에 떤 새누리당 의원들

박근혜는 자신의 에세이집에서 "남의 눈에 눈물 나게 하는 자, 자기 눈에서 피눈물 난다"는 속담의 진리성을 갈파한 바 있는데,[40] 자신이 얼마나 많은 사람의 눈에 피눈물을 맺히게 했는지 알고는 있는 걸까? 과연 누가 진짜 '나쁜 사람'인가? 최 경위의 형은 최 경위의 죽음에 대해 "내 동생은 절대 자살이 아니에요. 타살이지"라고 말했는데, 박근혜는 그 타살의 주범이 누구라고 생각하는 걸까?

박근혜는 평소 차분한 듯 보이지만 자신의 절대 권력에 눈곱만큼

○ --

39 「[사설] '범죄 소굴 청와대' 민낯 보여순 김영한 비망록」, 『인거레』, 2010년 12월 5일.
40 박근혜, 『결국 한 줌, 결국 한 점…그러므로 소중한 삶: 박근혜 에세이』(부일, 1998), 67~68쪽.

이라도 이의를 제기하면 불같이 화를 낸다. 그러니 공직자들이 겁을 먹지 않을 수 없다. 2015년 1월 12일 오전 청와대에서 열린 새해 기자회견에서 쏟아진 박근혜의 막말들을 상기해보라. 그는 이날 "말려든 것 아니냐", '바보 같은 짓", "정신을 차리고 살아야 된다", "제가 딱지를 맞았다", "말도 안 되는……" 등 대통령이 공식적인 자리에서 쓰기엔 부적절한 거친 어투를 그대로 썼다. 정윤회 국정 개입 의혹, 김기춘 청와대 비서실장과 '청와대 3인방'의 거취 문제 등 민감한 현안에 답할 때는 다소 격앙된 모습도 보였다. '청와대 3인방'을 "교체할 이유가 없다"며 단호하게 답했고, 정씨를 두고는 "실세냐 아니냐 답할 가치도 없다"고 목소리를 높였다. 특히 정씨 사건에 대해선 "정말 우리 사회가 이렇게 돼선 안 된다. 이렇게 혼란스럽고, 또 그게 아니라고 하면 바로잡아야 하는데 계속 논란은 하고, 우리가 그럴 여유가 있는 나라인가"라며 되레 비판 여론을 문제 삼는 공격적인 태도를 보였다. 중간에 말을 더듬는 일도 잦았다.[41]

그 장면을 본 공직자들이 무슨 생각을 했겠는가? 『중앙일보』 논설위원 김진은 박근혜가 회견에서 '바보 같은 일에 말려들지 않도록 정신을 차리고 살아야 한다'고 말한 것은 박지만 회장이 조응천ㆍ박

---

41 조혜정ㆍ김외현, 「"바보 같은 짓…말도 안 되는…" 박 대통령, 불편한 질문엔 거친 표현」, 『한겨레』, 2015년 1월 13일. 2016년 2월 24일 청와대 충무실에서 열린 제8차 국민경제자문회의에선 어떠했던가? "특히 박 대통령은 국회를 비판하는 대목에서 손날로 책상을 10여 차례 쿵쿵 내리치는 등 '분노'를 감추지 못했다.……박 대통령은 '국회가 (법안을) 다 막아 놓고 어떻게 국민한테 또 지지를 호소할 수 있느냐 이거죠'라며 목소리를 높인 뒤, 고개를 숙이고 한숨을 내쉬었고 10초간 흥분을 가라앉힌 뒤 발언을 이어가기도 했다." 최혜정, 「박 대통령 "자다가도 통탄할 일" 책상 10여 차례 내리쳐」, 『한겨레』, 2016년 2월 25일.

관천에게 놀아난 것을 지적한 것이라며 이런 해석을 내놓았다. "그러나 이는 동시에 찌라시 사기극에 휩쓸린 언론에 일침一針을 가한 것이기도 하다. 찔러야 할 언론이 되레 찔리고 있다. 검보다 강하다는 펜이 이 나라에서는 비실대고 있다."[42]

검보다 강하다는 펜이 이 나라에서는 비실대고 있다는 말은 맞지만, 과연 당시 언론이 '찌라시 사기극에 휩쓸린' 것이었나? 대부분이 사실이었다는 게 현 박근혜 게이트를 통해 밝혀지고 있지 않은가. 놀랍고 두려운 건 박근혜의 그런 단호한 태도다. 이럴 때에 적반하장賊反荷杖이란 말을 쓰지 않으면 언제 쓸 수 있겠는가. 그럼에도 고위 공직자건 새누리당 의원이건 "찍히면 죽는다"는 말을 제1의 행동강령으로 삼아 행동해왔으니, 박근혜 게이트가 썩어 곪아터질 때까지 방치되어온 게 아니겠는가. 새누리당 사람들이 박근혜 게이트를 예견하지 못했던 것도 아니었지만,[43] 그저 "찍히면 죽는다"는 공포에 벌벌 떨었던 것이다. "찍히면 죽는다"는 행동강령의 위력은 어느 정

---

42 김진, 「대통령에게 끌려다니는 언론」, 『중앙일보』, 2015년 1월 14일.
43 예컨대, 다음 기사를 보자. "그의 주변에선 많은 이들이 조심스레 경고음을 냈다. '환관 권력이 문제다. 그들이 박근혜 후보의 결정에 너무 영향을 미친다. 선거대책위 회의에 들어와, 메신저를 넘어 결정자 역할을 한다.' 2012년 10월 21일, 선대위 핵심 간부는 하소연했다. 현재 박근혜 정부의 한 장관도 그 시절 '문고리 3인방이 다 해먹는다. 너무한다. 박근혜 후보의 일정도 안 알려주고, 후보가 이들과 어디서 뭘 하는지 통 모르겠다'는 얘기를 입에 달고 살았다. 대통령직인수위 출범이 임박한 2013년 1월 3일 밤 만난 친박계 의원은 '최순실의 전횡'을 경고했다. '사람들은 정윤회가 아직도 박근혜 당선자 주변에 있다고 하는데 정윤회는 최순실과 부부 사이가 안 좋아지면서 멀어졌다. 이제 최순실이 다 한다. 당선자의 옷, 머리까지 최순실이 모두 책임진다.' 박 대통령을 직접 겨냥한 사람도 있었다. 한 친박 의원은 2012년 10월 29일 말했다. '박근혜 후보에게 원칙이란, 결국 자기 이익이다.' 하야 위기에 몰린 박 대통령을 감싸는 새누리당 고위 인사도 당시엔 '주변 측근과 사람 보는 눈이 없는 후보가 가장 걱정'이라고 말할 정도였다. 몇몇 의원은 '그가 대통령이 되면 그나마 남은 아버지 박정희에 대한 긍정적 평가도 깎일 것이다. 임기를 다 마치지 못할 수도 있다'고 미래를 예견했다." 신승근, 「'민폐 대통령'과 그 공범들」, 『한겨레』, 2016년 11월 21일.

도였을까? 『한겨레』 선임기자 성한용은 『인터넷한겨레』(2016년 3월 17일)에 쓴 「새누리판 '찍히면 죽는다' … '비박 학살'의 진짜 이유」라는 칼럼에서 이렇게 말한다.

"이번 새누리당 공천은 한마디로 대통령 눈 밖에 난 사람들이 거의 모두 축출당한 결과라 할 수 있다. 설마 했던 일이 현실이 되고 있는 것이다." "새누리당은 대통령에게 밉보인 사람을 잘라내기 위해 수단 방법을 가리지 않는다는 인상을 남기고 말았다."(『조선일보』 16일치) "새누리당의 정체성이란 것이 박 대통령 말을 잘 듣느냐 아니냐에 달린 것이라면 더 이상 공당公黨이 아니다."(『조선일보』 17일치) "시중에는 '한 번 찍은 사람은 반드시 잘라내는 박 대통령이 정말 무섭다'는 얘기가 파다하다." "그 누구도 박 대통령에게 찍힐 경우 정치적 미래가 없다면 공천의 공정성 여부를 떠나 정치 혐오마저 불러일으킨다. 새누리당이 이러고도 국회 180석, 아니 과반수 의석을 노린다면 도둑놈 심보다."(『동아일보』 16일치) "그러지 않아도 시중에는 '이번 총선은 박근혜 선거'라느니, '공천이 아니라 박천朴薦'이라는 얘기가 파다하다."(『동아일보』 17일치) 새누리당의 지난 15일 '비박 학살' 공천에 대해 『조선일보』와 『동아일보』 사설까지 박근혜 대통령을 비판하고 나섰습니다. '설마 했던 일', '정말 무섭다', '공천이 아니라 박천' 등의 표현으로는 뭔가 좀 부족하다는 생각을 하고 있던 차에 어느 누리꾼의 촌평이 눈에 띄었습니다. "생각이 다르다는 이유로 다 쳐냈다. 박근혜 대통령이 김정은과 뭐가 다른가."[44]

왜 최순실은 청담고 교사에게 30분 넘게 폭언을 퍼부었나?

박근혜에게 직언을 하면 쫓겨나는 공식은 오랜 역사를 자랑한다. 심지어 정치권 인사와 학자들과의 공부 모임에서도 그랬다고 한다. 2007년 한나라당 대선 경선을 앞두고 공부모임이 활성화되었는데, 이는 최외출 영남대학교 교수와 김광두 국가미래연구원장, 안종범 전 대통령 정책조정수석비서관(57, 구속 기소) 등 경제 전문가 5명이 주도해 '5인 공부모임'으로 불리기도 했다. 공부모임에 참가했던 정치인과 학자들은 문고리 3인방과 최순실 씨 부부의 위세에 대해서도 목격담을 증언했다. 한 참가자는 "그들이 박 대통령 옆에 딱 버티고 있어 의견을 제대로 전달할 수 없었다"고 말했다. 다른 참가자도 "박 대통령에게 직언을 하면 바로 공부모임에서 쫓겨났다. 결국 충성심 강한 안 전 수석만 남아 모임을 주도했다"고 전했다.[45]

많은 사람이 "박근혜는 최순실의 아바타였다"고 하는데, 그래서였는지는 몰라도 사실 최순실의 권력 중독도 만만치 않았다. 주변에 자신의 권력을 끊임없이 과시하고 다닌 것도 그런 관점에서 이해할 수 있다. 대통령의 연설문을 고치는 것이 취미라는 걸 주변 사람들이 알게 한 것도 그렇지만 그 어느 곳에 가건 "너 내가 누군지 알아"라고 호통을 치고 행패를 부린 게 그걸 잘 말해준다. 권력 중독의 일

44 성한용, 「새누리판 '찍히면 죽는다'… '비박 학살'의 진짜 이유」, 『인터넷한겨레』, 2016년 3월 17일.
45 박훈상·김동혁, 「'박근혜 공부모임'도 최순실이 관리→최순실 2선 물러선 뒤엔 안종범이 주도」, 『농아일보』, 2016년 11월 25일.

상화라고나 할까? 『한겨레』에 실린 「"야, 너 나와" 최순실, 학생들 앞에서 정유라 고교 교사에게 폭언」이라는 기사를 보자.

최순실 씨가 자녀의 학교에 찾아와 폭언 및 협박한 내용이 16일 서울시 교육청 감사 중간 결과 발표에서 더욱 생생하게 재확인됐다. 정유라 씨가 고교 2학년이던 2013년 5월, 정씨의 대회 출전 횟수가 교육청의 매뉴얼에 의해 연 4회로 제한되자 체육특기담당 ㄱ 교사가 최순실 씨에게 전화를 했다. ㄱ 교사가 "정유라 학생의 경기 출전이 4회로 제한된다"고 전화로 안내하자 최씨가 "너 거기서 딱 기다려. 어디서 어린 게 학생을 가라 말아야?"라고 폭언하고 학교로 찾아왔다. 강당에서 체육수업을 진행하던 이 교사에게 찾아온 최씨는 "야, 너 나와봐"라고 반말을 했다. ㄱ 교사가 수업 중이니 기다려달라고 하자 "어린 것이 어디서 기다리라 말아야"라며 1분가량 학생들이 보는 앞에서 폭언하고 수업을 방해했다. 해당 교사가 부득이 수업을 중단하고 학생들을 교실로 돌려보낸 뒤 최씨를 체육부 교무실로 안내하자, 최씨는 영어교사 ㄴ 씨가 지켜보는 가운데 이 체육교사에게 30분이 넘도록 폭언을 했다. "너 잘라버리는 거 일도 아니다. 학생의 꿈을 꺾는 것이 교사냐? 지금 당장 교육부 장관에게 가서 물어보겠다. 너 까짓 게 감히 학생에게 학교를 오라 마라 하느냐?"라고 상식 이하의 폭언을 했다. 이에 더해 "전화 통화나 지금 하는 말들 다 녹음해놨다. 학생을 전학 가라고 한 것을 언론에 퍼뜨리겠다"고 협박까지 했다. 이 상황을 기억하는 당시 정씨의 고2 담임교사는 서울시교육청 감사에서 이 내용을 진술하며 "ㄱ 체육교사와 최씨의 다툼 뒤 2주 후 최씨가 학교에 찾아와 'ㄱ 선생님이 건방지게 굴어서 그런

일이 있었다'며 '애 아빠가 ㄱ 교사 가만히 안 둔다고 했다'는 말을 했다'고 전했다.[46]

최순실은 그때 갈고 닦은 솜씨를 이화여대에서도 유감없이 발휘했다. 정유라에게 제적을 경고했던 지도 교수에게 "교수 같지도 않고 이런 X 같은 게 다 있냐"는 폭언을 퍼부었다고 하니, 최순실이 저지르고 다닌 악행의 끝이 어디인지 도무지 알 길이 없다.

최순실의 "너 내가 누군지 알아?"

최순실의 청담고 행패 내용이 소개된 서울시교육청 감사 중간 결과 발표에서 교육감 조희연은 "'학교는 무너졌다. 최순실 게이트'는 국정 농단이기도 하지만 '교육 농단'이기도 하다"며 "최씨의 압력에 굴해 교육 현장을 무너뜨린 소수 관계자들에 대해서는 교육청이 할 수 있는 한 최대한 엄정하게 조처하고 사법기관에 수사를 의뢰하겠다"고 밝혔다. 조희연은 "관련 학교에 대한 전면 조사를 진행하면서, 제 귀가 의심스러울 정도의 보고들이 하나둘 들어왔다. 모든 학생에게 공평무사하게 적용돼야 할 학사 관리와 출결 관리가 유독 이 학생 앞에서 허무하게 무너졌다"며 "서울교육을 책임지는 사람으로서 통

○ --
46 김미향, 「"아, 니 니외" 최순실, 학생들 앞에서 정유라 고교 교사에게 폭언」, 「한겨레」, 2016년 11월 17일.

렬한 책임감과 자괴감을 느끼지 않을 수 없다. 주저앉아 엉엉 통곡이라도 하고 싶다"고 심경을 밝혔다.[47]

주저앉아 엉엉 통곡이라도 하고 싶은 사람이 어디 조희연뿐일까? 이건 '최순실 게이트'가 아니라 '박근혜 게이트'다. 최순실에게 그런 인간 이하의 작태를 저질러도 좋다고 생각하게끔 만든 권력 감정과 더불어 실제 권력을 주었다는 점에서 최순실이 저지른 모든 범죄는 곧 박근혜의 범죄라고 봐야 한다. '박근혜 게이트'는 국민들로 하여금 '분노'와 '수치'와 '비애'라고 하는 감정의 삼위일체를 동시에 느끼게 만든 희대의 사건이다.

최순실은 청담고 교사들에게 "내가 누군지 알아? 교육부 장관에게 말해 다 교체해버리겠어"라는 말도 했다는데,[48] 사실 왜 그 말이 안 나오나 싶었다. "너 내가 누군지 알아?"는 천하의 몹쓸 갑질을 저지르는 모든 갑의 의식세계 바탕에 깔린 이데올로기이자 권력에 중독된 인간들의 자기 확인을 위한 슬로건이기 때문이다. 한신대학교 교수 윤평중은 "'내가 누군지 알아?'는 한국인의 감춰진 성감대이며 우리네 삶을 추동하는 집단 무의식이다"며 다음과 같이 말한다.

"'내가 누군데 감히 네 따위가'를 핵심으로 삼는 권력 담론이자 강자가 약자를 짓밟는 '갑질'의 언어다.……인간관계를 힘의 우열優劣로 나누어 약자를 얕보는 한국인의 차별적 가치관과 봉건적 집단 무의식을 그 무엇보다도 선명하게 증언하는 것이 바로 '내가 누군지

47 김경욱, 「조희연 "최순실 교육 농단에 자괴감 들어…통곡하고 싶다"」, 『한겨레』, 2016년 11월 16일.
48 김영희, 「고맙다, 최순실」, 『한겨레』, 2016년 10월 31일.

알아?'다. 힘으로 상대방을 누르려는 '내가 누군지 알아?'는 궁극적
으로 동물의 언어에 불과하다. '내가 누군지 알아?'의 반말을 언제라
도 발사하려는 사람으로 가득 찬 사회는 동물의 세계와 비슷하
다.…… '내가 누군지 알아?'가 널리 수용되는 사회는 잔혹한 약육강
식弱肉强食의 사회다." [49]

박근혜와 최순실은 극단을 치달았다는 점에서 독보적 가치가 있
긴 하지만, "너 내가 누군지 알아?"는 우리 모두에게도 잠재되어 있
는 동물적 속성으로 보는 게 옳겠다. "난 절대로 그렇지 않아!"라고
외치고 싶은 사람도 많겠지만, 그들은 거의 대부분 아무런 권력도 없
는 사람들이다. 권력이 사람을 바꾸는 것인데, 권력을 누려보질 못
한데다 누릴 가능성마저 없으면 "난 절대로 그렇지 않아!"라는 말이
맞을망정 좀 다른 의미에서 맞을 뿐이다.

이마에 '대한민국 권력 서열 1위'라고 써붙이고 다니지

최순실이 딸 정유라의 동창 학부모 이모씨의 부탁을 받고 2013~
2014년 현대자동차그룹에 KD코퍼레이션의 10억짜리 납품(원동기
용 흡착제) 청탁을 해 성사시킨 사건도 그런 관점에서 이해할 수 있
다. 최순실의 지시를 받은 박근혜는 다시 청와대 정책조정수석 안종

○--
49 윤평중, 「'내가 누군지 알아?'」, 『조선일보』, 2014년 9월 26일.

범에게 지시를 내렸고, 안종범은 정몽구 현대자동차그룹 회장과 임원을 만나 "KD코퍼레이션이라는 회사가 있는데 좋은 기술을 가지고 있다고 하니 채택해줬으면 한다"고 말했다는데, 정몽구와 현대 임원들도 정말 황당해하면서 그 청탁을 들어주었을 게 틀림없다.[50]

최순실은 그 대가로 1,162만 원 상당의 샤넬 백 한 개, 현금 4,000만 원 등 5,162만 원 상당의 금품을 받았다는데, 많은 사람이 이 사건을 도무지 이해할 수 없다며 어이없어 했다. 알려진 것만 해도 수백억 대의 부자인 최순실이 겨우 10억여 원어치 납품 청탁에 대통령까지 끌어들이고, 그걸 덥석 받아 성사시킨 박근혜와 안종범의 사고와 행태가 정상적이냐 하는 의문을 제기한 것이다. 유시민은 〈썰전〉(11월 24일 방송)에서 이 뉴스를 접하면서 "기분이 제일 처참했다"며 "너무 처참하다"는 말을 여러 번 반복했다. 세계 경제 10위권에 속하는 나라에서 겨우 10억짜리 청탁에 대통령이 발 벗고 나섬으로써 대통령의 권위를 땅에 떨어뜨렸다는 이유에서였다.

그러나 최순실로서는 그게 그렇게만 볼 문제가 아니었을 게다. 마음 같아선 이마에 '대한민국 권력 서열 1위'라고 써붙이고 다니고 싶었겠지만, 차마 그럴 수는 없었던 최순실은 주변 사람들이 자신의 권력에 놀라면서 찬사를 보내는 걸 원했다고 볼 수 있지 않을까? 자신뿐만 아니라 사랑하는 딸도 권력 감정을 한껏 만끽할 수 있는 그런 기회야말로 자신의 권력을 보여줄 수 있는 좋은 기회가 아니었을까?

○ --

50 채윤경, 「최순실, 딸 친구 아빠 민원 해결해주고 샤넬 백·4,000만 원 챙겨」, 『중앙일보』, 2016년 11월 21일.

막스 베버Max Weber, 1864~1920는 권력 감정을 "사람들에게 영향력을 갖고 있다는 의식, 사람들을 지배하는 권력에 참여하고 있다는 의식, 역사적으로 중요한 사건의 신경의 줄 하나를 손에 쥐고 있다는 감정"이라고 정의하면서, 형식상으로는 보잘것없는 지위에 있는 경우에도 일상생활을 초극超克하게 할 수 있는 힘이 바로 권력 감정에서 나온다고 말한 바 있다.[51]

일상적 삶에서 권력 감정을 만끽하려는 사람들은 끊임없이 계급과 서열을 따지면서 자신의 지위를 확인하려고 한다. 정부 차관(김종문화체육관광부 제2차관)도 최순실의 비선 모임엔 "낄 급이 아니다"는 평가를 받고,[52] 재벌 총수 자식의 면담 요청도 27세라는 이유로 "어디 어린 X이 나를 만나려 하느냐"며 화를 내는 등 자신의 권력 서열을 재확인하면서 과시하는 게 최순실의 행태였다.[53]

51 막스 베버, 이상률 옮김, 『직업으로서의 학문/직업으로서의 정치』(문예출판사, 1994), 125쪽.
52 하어영·류이근, 「최순실 "언니 옆에서 의리 지키니까 이만큼 받잖아"」, 『한겨레』, 2016년 10월 26일.
53 이동현, 「"한화, 최순실에게 김승연 석방 민원"」, 『중앙일보』, 2016년 11월 24일. 계급과 서열을 중시하는 사람들에겐 이른바 '보스 기질'이 있는데, 최순실 일가의 일거수일투족을 17년간 가까이에서 지켜본 최순실의 전 운전기사 김모(64) 씨는 최순실에게도 그게 있었다고 주장한다. 그는 박근혜의 최측근으로 알려진 '문고리 3인방(정호성, 이재만, 안봉근)'은 박근혜가 아닌 '최순실의 종'이라고 주장하면서 최순실의 '보스 기질'에 대해 다음과 같이 말한다. "순실이가 잘지는 않다. 한참 배고플 시간에 나하고 둘이 가다가 떡볶이 파는 데 있으면 둘이 먹고, '이것 좀 싸주세요' 해 한 4~5만 원씩 사서 (직원들) 갖다 준다. 느닷없이 '가서 회식합시다'라고 해 (사람들을 데리고 가) 지(최씨)가 (돈을) 다 낸다. 축구를 하러 간다든가 하면 그것도 자기가 전부 다 낸다. 서서히 엮이는 것이라 (빠져나올) 방법이 없다." 김용출·이천종·조병욱·박영준, 「"최순실 보스 기질…대통령과 통화 후 '공주 뒷담화'도"」, 『세계일보』, 2016년 11월 23일; 김용출·이천종·조병욱·박영준, 「"문고리 3인방은 대통령 사람이 아니라 최순실의 종"」, 『세계일보』, 2016년 11월 24일.

왜 최순실은 "묻어버리겠다"는 말을 입에 달고 살았나?

최순실은 자신의 계급과 서열이 잘 작동하지 않는 곳에선 돈으로 그걸 확실히 하는 행패를 많이 부리고 다녔던 모양이다. 최순실의 20년 단골인 서울 강남 압구정동의 한 여성 전용 목욕탕 세신사의 증언이 그걸 잘 말해준다. 『동아일보』 기자 신나리가 직접 손님의 자격으로 찾아가 취재한 기사 내용은 다음과 같다.

정유연 씨(정유라로 개명)가 어린아이 때부터 20년 가까이 최씨 모녀의 세신洗身을 맡아 알고 지냈다는 세신사 A씨는 "최순실은 참 '밸난(별난) 여자'였다"며 고개를 절레절레 흔들었다. 철저히 예약제로 진행하는데 1시에 예약해놓고는 3시에 와서 세신 중인 손님을 밀어내고 먼저 밀어달라며 행패 부린 적도 많았다는 것. 하도 안하무인이어서 다른 손님들과 고래고래 소리 지르며 싸우기 일쑤였다고 했다. A씨는 "최씨가 오면 마치 시중들듯이 사람 하나가 따라붙어서 '물 갖고 와' 하면 물 떠오고 그랬다. 그래도 한 번 오면 마사지 비용 이상으로 15만 원씩 팍팍 쓰니까 '네네' 거리며 비위를 맞췄다"고 말했다. "한 20분 때 밀다가 '오늘은 그만', '다 밀었어 됐어' 하면서 나가니까 잠깐 욕보이고 돈을 많이 벌 수 있으니 참았다"고도 했다. 딸 정씨에 대해서도 "인성이 덜 된 아이"라며 8살 때 일화를 들려줬다. 어린 정씨가 세신을 하다가 자꾸 똑바로 일어서길래 "아줌마가 때 밀게 누워봐 유연아"라고 건네자 '뭐라고?' 하며 자신의 뺨을 세차게 때렸다고 했다. A씨는 "같이 온 유연이 사촌 언니는 자랑이랍시고 밖에 나가서 '유연이가 아줌마 때렸대요' 하고 놀

리더라"며 "최씨도 그렇고 누구도 미안하단 말을 안 해서 속상했다. 때린 거야 아이니까 실수라고 쳐도 가정교육이 제대로 안 돼 있는 집안이었다"고 기억했다. "그렇게 공부도 안하고 못된 애가 이화여대도 들어가고 대단한 나라"라는 혹평도 했다.[54]

최순실이 "묻어버리겠다"는 끔찍한 말을 입에 달고 살았다는 증언도 있다.

"마음에 안 들면 사석에서도 '묻어버린다'는 끔찍한 말을 자주 했어요. 휴대폰을 몇 개씩 들고 다니면서 전화로 방송국 국장 등을 대상으로도 그런 말을 하더군요." 대한민국을 '국정 농단'으로 뒤흔든 '비선 실세' 최순실 씨를 20여 년 전부터 지켜봐왔던 지인 A씨의 회상이다. 1일 서울 모처에서 만난 A씨는 20여 년 전부터 최씨와 서울 압구정동 찜질방과 미용실을 함께 다닌 인물이다. A씨는 "최씨는 찜질방에서도 항상 현금뭉치로 돈다발을 뿌렸고, 모든 사람들을 몸종 부리듯이 부렸다"며 "20여 년 전 박근혜 대통령이 정계에 입문했을 때부터 박 대통령과 친하다는 얘기를 사석에서도 많이 하고 다녔다"고 말했다. A씨는 이어 "박 대통령을 칭할 때 언제는 '의원님'이라고 했다가, 또 다른 때는 '언니'라고 불렀다"고 덧붙였다.[55]

○ --

54 신나리, 「최순실 20년 단골 강남 목욕탕 세신사가 본 최씨 母女」, 「동아일보」, 2016년 10월 27일.
55 김정유·김정웅, 「"묻어버리겠다" 입에 달고 산 최순실…"안하무인에 박근혜와 친분 과시"」, 「이투데이」, 2016년 11월 1일.

'권력 갑질'은 최순실 집안의 가풍이었나?

도대체 어디까지 믿어야 할지 모르겠지만, 다음과 같은 기사들은 그런 행태나 의식이 최씨 집안의 가풍은 아니었나 하는 생각마저 갖게 만든다.

'비선 실세' 최순실(60, 구속기소) 씨와 언니 순득(64) 씨 자매의 갑질이 지속적으로 제기되는 가운데 최순득 씨 빌딩에 세 들었던 한 임차인이 최씨의 딸 장시호(37, 개명 전 유진) 씨의 결혼식에 참석하지 않았다는 이유로 임대 재계약을 거부당하고 20억 원에 가까운 투자금을 회수도 못한 채 사실상 쫓겨났다는 폭로가 나왔다. 최순득 씨 남편 장모(63) 씨 명의로 등기된 서울 강남구 삼성동 '승유빌딩'에서 2002년부터 5년간 유흥주점을 운영했다는 임모(49) 씨는 23일 『세계일보』와 인터뷰에서 "2006년 어머니가 심장수술을 해 장시호 결혼식에 못 갔더니, 최씨 부부가 이후 재계약 과정에서 터무니없는 보증금과 월세를 요구했다"며 "결국 괘씸죄에 걸려 빌딩에서 내쫓기듯 나와야 했다"고 주장했다.…… 익명을 요구한 강남·서초 지역 유흥업계 관계자는 "최순득 빌딩은 개미지옥이라고 부른다. 들어가는 족족 다 털리고 나오기 때문"이라며 "금싸라기 같은 이 지역에 수년째 빈 곳은 최순득 빌딩이 유일할 것"이라고 전했다. 임씨는 최씨 부부에 대해 '상식이 통하지 않는 사람들'이라고 술회했다.[56]

최순실 국정 농단 사태가 불거지기 전까지 제주를 제2의 거주지처럼 이용했던 최순득·장시호 모녀. 두 사람의 갑질 행태는 제주에서도 악명 높았습니다. 4년 전부터 최근까지 최씨 모녀를 봐왔다는 단골 목욕탕 관계자는 두 사람을 안하무인 그 자체라고 기억합니다. 장애인 주차 구역에 버젓이 차를 대는 건 기본. [목욕탕 관계자] "(주차 위반 고지서) 날라오면 내가 내면 되는 거지 니가 뭔데 그걸 가지고 하느냐. 반말 꽉 하더라고. 두고보자 하면서." 모녀의 갑질에 대형 관광호텔도 속수무책이었습니다. [최씨 일가 지인] "차 관리하는 애들이 장시호 차 오면 아무 데나 대놔도 관리도 안 하더라고. 딴 차는 쫓는데 그 차는 쫓지도 않어." [최순실 자택 인근 상인] "(최씨 일가는) 입만 열면 욕이에요. 돈 던지는 거 뭐 다반사. 보통 상식 수준의 사람은 아니었어요." [57]

최순실의 조카 장시호는 평소 자신의 지인들에게 "대통령이랑 평소에 친하다. 그녀가 퇴임하면 제주도에서 재단을 차려 놓고 같이 살겠다"라고 말하는 등 평소 박근혜와의 친분을 과시하고 다닌 것으로 알려졌다. [58]

권력 감정을 만끽하기 위한 자기 과시는 위계의 질서를 갖는다. 최순실과 친했던 어느 유명 병원장이 직원들과의 회식 자리를 비롯해 주변에 최순실과의 친분을 자랑하듯 과시한 것도 바로 그런 경우다. [59] 이 병원장과 친한 사람은 아마도 주변에 "최순실과 친한 병원

56 김선영, 「"유진이 결혼식에 안 와?"⋯최순득, 빌딩 임차인 내쫓아」, 『세계일보』, 2016년 11월 24일.
57 김경목, 「제주서도 갑질⋯호텔 '벌벌'」, 『채널A』, 2016년 12월 5일.
58 오복음, 「최순실 씨 조카 장시호, 평소 빅 내농령과 친분 과시⋯"퇴임 후 제주도에서 같이 살 것"」, 『이뉴스투데이』, 2016년 10월 31일.

장과 친하다"고 떠벌리고 다녔을지도 모르겠다.

　박근혜는 이 모든 사태에 대해 "그럴 줄 몰랐다"는 식의 답으로 일관하고 있지만, 정말 몰랐다면, 아니 꿈에서 상상조차 해본 일도 없다면 오히려 그게 더 문제다. 그건 박근혜 스스로 자신이 '1970년대의 청와대'에 유폐된 과거 중독자라는 것을 실토하는 것과 다름없으니까 말이다.

59　이수아, 「"병원장, 최순실 친분 과시"…대통령 자문의 위촉 의혹」, 『MBN』, 2016년 11월 29일.

제 3 장

박근혜는

'1970년대의 청와대'에

유폐된 과거 중독자

"나의 생生의 목표는 오로지 아버지에 대한 것이었다"

"유신 없이는 아마도 공산당의 밥이 되었을지 모른다." 1981년 10월 28일 박근혜가 일기에 쓴 주장이다.[1] 대한민국을 지켜낸 아버지를 감히 비판한다? 그건 박근혜로선 목숨 걸고 막아야 할 일이었다. 약 9년 후인 1991년 1월 6일 박근혜는 일기에 자신의 굳은 결의를 다음과 같이 밝혔다.

"왜곡을 바로잡기 위해 기념사업을 시작하기 이전의 세월, 나의 생生의 목표는 오로지 아버지에 대한 것이었다. 그 왜곡을 바로잡아야 한다는 일념 때문에 나 개인의 모든 꿈이 없어져 버린 상태였다.

---

1   조윤호, 「보수의 나라 대한민국: 박근혜로 한국 사회 읽기」(오월의봄, 2012), 25쪽.

자나 깨나 꿈과 희망이 있다면 오직 그것을 바로잡아 역사 속에서 바른 평가를 받으시게 하는 것, 오매불망 그것만이 하고 싶은 일이었고 또 해야 할 일이었다."[2]

1998년 4월 15대 국회 대구 달성군 보궐선거를 통해 정치판에 데뷔한 박근혜는 아버지 박정희의 후광으로 얼마 후 한나라당 부총재직을 꿰차는 수직 상승을 했다. 박근혜는 1999년 가을 한나라당 부총재직을 사퇴하려고 했는데, 그 이유는 "경제 위기의 원인이 박정희 때부터 시작했다"는 김영삼의 발언에 대해 당이 아무런 입장을 취하지 않은 것에 대한 불만 때문이었다. 박근혜는 2001년 6월 한나라당 총재인 이회창의 역사관이 무엇인지 알 수 없다고 비판했는데, 이 또한 박정희에 대한 평가와 관련된 불만이었다.

이렇듯 박근혜가 한나라당 내에서 불만을 토로한 사건들은 모두 아버지에 대한 평가와 관련된 것이었다. 박근혜는 '아버지의 딸'이며 자신의 정치 행위가 '아버지를 위하여'가 될 것임을 수없이 말한 바 있다. 16대 의원을 지낸 전 여의도연구소장 윤여준은 2005년 4월 당시 한나라당 내의 '박근혜 대對 반反박근혜' 갈등과 관련해 "누구(박정희)의 딸이란 생각과 아버지의 명예를 지키겠다는 집착을 버려야 한다"면서 "박 대표가 자리에 연연하거나 권력욕이 있다고 보지 않지만 지금의 모습은 아버지를 지키겠다는 데 집착하고 대표직에 연연해하는 모습으로 비치고 있어 안타깝다"고 말했다.[3]

2 박근혜, 「고난을 벗삼아 진실을 등대삼아: 박근혜 일기모음집」(부일, 1998), 194~195쪽.

그러나 오히려 '아버지를 위하여'가 박근혜의 힘이었던 걸 어이하랴. 박근혜는 9세 때부터 27세가 될 때까지 내내 대통령의 딸이었다. 게다가 그는 어머니와 아버지를 모두 총탄으로 잃은 비극의 주인공이다. 비장미를 풍길 수 있는 그런 조건에 더하여 그의 발언도 늘 비장미로 가득했다. 박근혜는 2004년 3월 23일 한나라당의 새 대표가 되어 한 연설에서도 "저는 오늘 '신에게는 12척의 배가 남았다'고 했던 충무공의 비장한 각오를 되새기며 이 자리에 섰습니다"라고 말했다. 또 그는 "저는 부모님도 안 계시고, 더이상 얻을 것도, 잃을 것도 없는 사람입니다. 한나라당의 미래와 국운을 살리는 데 모든 것을 바치겠습니다"라고 말했다.

열성 지지자들이 박근혜를 사랑하는 이유

박근혜의 지지자들은 그런 비장미를 사랑했다. "박근혜는 이 세상에 혼자다. 가족도 없고 재산도 필요 없는 박근혜에게 무슨 욕심이 있을 것인가"라거나 "청춘과 사랑을 홀로 삭여버린 비장한 아름다움의 여자"라는 말은 바로 그 점을 잘 말해준다. 열성 지지자들은 다음과 같이 주장했다.

"저쪽 사람들 그토록 모질게 물어뜯는데도, 방송들까지 오만무

---

3 이정민, 「"화장만 좀 바꾸는 개혁 안 통해": 웃어줄 점 이월 한 I라에 쓴소리」, 『중앙일보』, 2006년 4월 22일, 4면.

레하게 때리고, 때린 데 또 때려대는데, 눈에 안 보이고, 귀에 안 들리는 양, 전혀 아프지 않은 양 네거티브한 말 단 한마디도 하지 않았습니다. 생산적인 국회, 다시 태어나는 정치로 깨끗한 나라 만들겠다는 말씀. 그리고, 지더라도 깨끗하게 지겠다는 말씀. 참으로 놀라웠습니다. 혹, 몰라주는 국민들 있을까 염려됩니다."

"속기도 많이 속았다. 속는 것이 반드시 손해만은 아니다. 속아보면 진실이 무언가를 알게 되기 때문이다. 속임수는 믿음을 가르쳐준다. 그리움도 가르쳐준다. 내가 박정희 대통령을 그리워하게 된 것도 속임수 덕분이다. 그분을 비방하는 사람들 덕분이다. 그 사람들의 속임수와 비방으로 국민은 진짜 애국·애족이 무엇인가를 뼈저리게 느끼고 있다. 그래서 박정희의 분신 박근혜 등장에 열광하는 것이다. 지금 박근혜가 인기 절정인 이유는 그 사람들의 속임수와 비방 때문이다."

당파성이 없이 정치 자체에 대해 혐오감을 갖고 있는 사람들도 박근혜의 색다른 정치 스타일에 매력을 느낀 것 같았다. 그래서 박근혜가 "말이 적다"는 것도 장점이 되었다. 지지자들은 이렇게 말했다.

"그는 '정치적 반대자'들이 푸접 없이 내쏘는 말에도 웃음으로 답한다. 온갖 험한 말을 포달지게 퍼부어도 끄떡하지 않는다."

"유달리 말수 적고 말싸움 모르는 정치인이 있다. 한나라당 박근혜 대표다. 말도 많고 말 탈도 많은 정치 무대에서 박 대표는 별종 같다고 할 만큼 말하기를 즐겨하지 않는다. 큰일을 당해도 좀체로 흥분하거나 목소리를 높이는 일이 없다."

"그녀의 말은 군더더기가 없다. 헤프지가 않고 골자만을 꺼내놓

으므로 버려지는 말이 없다. 누구나 쉽게 알아들으므로 말 바꿈의 여지도 없다. 마치 잔잔한 물 흐름 같다. 높낮이가 없어 대중을 휘어잡지도 않는다. 다만, 가는 방향이 뚜렷하다. 낮은 데로 조용조용 흘러가 스며드는 물과 같다. 믿음은 거기서 생긴다."

"이 시대는 독립투사를 가장한 선동가가 아니라 인간 본질에 대한 사랑으로 충만한 따뜻함과 부드러움이 담긴 미소와 언어가 필요한 시대입니다."

박근혜가 곤란한 질문에 대해선 똑같은 답을 되풀이하는 건 어떤 사람들에겐 박근혜의 자질을 근본적으로 의심할 만한 증거로 간주되었지만, 지지자들에겐 그것도 매력이 되었다.

"탄핵 책임에 대해 박 대표가 똑같은 답을 되풀이한 것은 '말도 안 되는 것은 꺼내지도 말라. 대답하지 않겠다'는 뜻이었을 것이다. 그녀에겐 임기응변이라는 게 없다."

"그녀에게 상대적 열등감을 갖고 있는 반대쪽 정파와 주변 세력들은 '녹음기 같다', '교과서 읽는다'고 빈정거린다. 그녀에게서 무슨 트집거리라도 발견되면 길거리에서 돈 보따리 주운 것처럼 입이 찢어져야 덤벼든다."

정치를 혐오하는 사람들은 이념이니 정책이니 이슈니 하는 것에 관심이 없었다. 정치인들은 입만 열면 거짓말을 한다고 믿기 때문이다.

"화려한 언변, 끊임없이 쏟아내는 다변, 당장의 이익을 위한 립서비스 등 정치인들의 이벤트성 쇼맨십에 국민은 식상해 있다. 거기에 비해 말을 무척 아끼는 근혜님의 신중함은 미래의 불확실성으로 불안감에 젖어 있는 국민에게 큰 위로와 신뢰를 주고 있다. '믿을 수 있는 정치'를 조용히 실천해가고 있다는 점에서 근혜님은 확실히 신선한 존재다."

정치를 혐오하는 사람들은 인간미에 높은 점수를 준다. 박근혜가 (2004년) 4·15 총선 기간 중 집에서 싸온 도시락을 먹는 장면이 화제가 된 것도 그런 이유 때문이었을 것이다. 당시 어느 찜질방에 모인 주부들 사이에서 박근혜의 도시락을 놓고 벌어졌다는 대화 한 토막을 들어보자.

"너무 괜찮아. 박근혜 참 괜찮아."

"그게 인간이지."

"그럼 정치하는 사람들 인간이 아니란 말이야?"

"그것들이 인간이야?"

많은 박근혜 지지자가 이구동성으로 말하는 건 박근혜의 '진솔하고 헌신적이며 안정감을 주는 이미지'다.

"우리가 그에게서 느끼는 품격은 높은 도덕성에 있다. 조금도 거짓을 모르고, 허영이 없고, 경솔함과 경망함이 없다. 너무나 인간적인 면이 몸에 배어 있다."

"상대방을 헐뜯고, 할퀴고, 선동하고, 국민을 피곤하게 하는 정치인이 아닌 부드러운 미소로 어머니처럼, 누님처럼, 연인처럼 감싸주고 진솔한 말 한마디로 상대방에게 따뜻한 위안을 주는 그런 정치인을 기다리고 있었던 것이다."

그런 인간적인 면모와 더불어 박근혜의 애국심과 책임감을 높이 평가하는 사람이 많았다. 박근혜는 '대한민국과 결혼한 여자'라는 것이다. 그것도 "모성의 애국·애족을 오지게 품고 대한민국과 결혼한 여자"라는 것이다. 박근혜를 실제로 만났다는 사람들의 한결같은 전언도 박근혜가 내내 나라 걱정만 하더라는 것이다.[4]

보수 세력을 열광시킨 '아버지를 위하여'

아, 이 일을 어찌할 것인가? 이상 소개한 박근혜 지지자들의 주장이 다 옳은 것이라 할지라도 문제는 박근혜의 '아버지를 위하여'가 '1970년대의 청와대'에 유폐된 과거 중독자의 의제였으니 말이다. 박근혜의 열성 지지자들은 박근혜가 '대한민국과 결혼한 여자'라는 주장에 감동 먹고 눈물까지 흘리고 싶어하지만, 경우도 따라 이혼도 할 수 있는 게 박근혜가 주장한 '비정상의 정상화'가 아닌가?[5]

박근혜의 과거 경험은 너무도 희귀한 것이기에 사실 보통 사람들이 이해를 하긴 어려울 것이다. 『독재자의 자식들: 독재자 아버지, 영웅인가 망령인가』(2012)의 공저자인 이형석은 이 책의 서문에서 이렇게 말한다. "아버지로부터 더 나은 삶, 아버지의 오류를 극복하려는 삶, 아버지의 실패를 반복하지 않으려는 삶이, 평범한 이들에게는 당연한 의지가 독재자들의 자식들에게선 나타나지 않았다. 침

○ ---

4 박근혜 지지자들의 말은 김인만 엮음, 『울지 마세요 박근혜: 대한민국 네티즌의 '근혜사랑' 이야기』(바른길, 2004)에서 인용한 것이다.
5 심규선, 「대통령 전하, 대한민국과 이혼할 때입니다」, 『동아일보』, 2016년 12월 5일.

묵하거나 반복하거나였다." 왜 그럴까? 이 책에 나오는 다음 대목이 고개를 끄덕이게 만든다.

"독재자의 자식들은 대개 아버지의 권력이 절정일 때 태어나고 자랐다. 애초부터 아버지가 이룩한 세계, 아버지의 나라를 부정한다는 것이 불가능할 수밖에 없었던 이유다. 아버지의 영광 속에서 태어나고 자라난 그들에겐 성장기 이후의 삶은 가문의 몰락기였을 것이다. 그들은 아버지 권력의 부침에 따라 행복했고 불행했으며, 천국과 지옥의 끊임없는 교차와 분열을 겪었다. 이 모든 것이 비극의 기원이 됐다."[6]

그런데 진짜 비극은 박근혜의 과거 중독에 이해관계가 걸린 사람이 너무 많았다는 점이다. 과거 독재정권 시절에 잘나갔던 사람들은 자신의 자존감을 지키기 위해서라도 '박정희를 위하여'에 매달렸고, 무작정 보수적인 사람들 역시 지키고자 했던 우익적 가치가 '박정희를 위하여'와 잘 들어맞았다는 이야기다.

앞서 지적했듯이, 보수 세력은 박근혜가 반공주의와 독재 미화 등과 같은 과거지향적인 '아버지를 위하여' 한 일들에 대해 열광했고, 그걸 그녀의 위대한 업적으로 칭송했다. 2016년 4·13 총선에서 새누리당 '진박眞朴' 후보들의 유세에선 통진당 해산과 국정교과서가 역대 정부들이 해내지 못한 최대의 업적으로 꼽혔다.[7]

○ ---

6 이형석·서영표·강상구·김성경·정규식·김재민, 『독재자의 자식들: 독재자 아버지, 영웅인가 망령인가』(북오션, 2012), 7, 122쪽.
7 최선욱, 「최경환, 나흘간 대구 5곳 개소식 순례…현지선 "이제 진박이 누군지 알굿다"」, 『중앙일보』, 2016년 2월 4일.

박근혜 게이트를 파헤치는 데에 큰 기여를 했던 『조선일보』가 국정교과서를 지켜야 한다는 사설들,[8] 그리고 다음과 같은 주장이 담긴 칼럼을 싣는 것도 그 업적만큼은 지키고자 하는 몸부림으로 볼 수 있을 게다. "이번에 새 교과서로 현행 검·인정 교과서를 대체하는 것을 미룬다거나 신구 교과서 혼용을 허용한다면 그것은 평화통일에 대한 국민적 염원을 악용하여 대한민국의 정체성을 부정하고 대한민국부터 무너뜨리려는 검은 세력에 대한 백기 투항이나 다름없다."[9]

어찌되었건 박근혜의 정신세계가 '1970년대의 청와대'에 유폐되어 있다거나 그걸 시사하는 주장은 많다. 이미 앞에서도 꽤 소개했지만, 9개 주장을 더 들어보자.

박근혜는 어떤 식으로
'1970년대의 청와대'에 유폐되어 있나?

(1) 박근혜 대통령은 '규정자의 언어'를 사용한다. 2월 20일 경제 활성화 업무 보고 모두발언을 살펴보았다. "지금이야말로 우리 경제의 체질을 확실히 바꿔서", "최선을 다해주기 바란다", "뼈를 깎는 구조개혁을

8 「[사설] 좌편향 역사 교육 바꿀 가능성 보여준 새 역사 교과서」, 『조선일보』, 2016년 11월 29일; 「[사설] 조희연, 새 역사 교과서 읽어나 보고 원천 봉쇄 나선 건가」, 『조선일보』, 2016년 12월 2일.
9 이인호, 「국민과의 역사 교과서 약속 지켜라」, 『조선일보』, 2016년 12월 3일.

해야", "개혁에 저항하는 움직임에는 원칙을 가지고 대응해야", "국민들께서 이를 용납하지 않을 것", "엄정한 집행과 제재를 통해 발본색원해야", "국회에 계류 중인 법안이 하루속히 통과될 수 있도록 최선을 다하고". 모든 것을 내려다보고 지시하는 절대자의 어법이다. 자신이 무엇을 어떻게 하겠다는 내용은 없다. 규정자의 언어는 박정희 시대의 유물이다. 그 시대에는 대통령이 모든 것을 결정했다. 대통령이 지시하면 무조건 따랐다. 없애라고 하면 눈에 보이지 않는 곳으로 치우기라도 했다. 지금은 다르다. 대통령은 통치자가 아니라 조율사나 조정자에 가깝다는 것을 깨달아야 한다.[10]

(2) 정윤회 문건 파동 등에 대해 새누리당의 한 의원에게 "왜 2년차에 벌써 이런 일"이라고 말하자, "벌써가 아니라, 늦게 나온 것"이라 했다. 2004년 한나라당 대표 시절부터 폐쇄적이고, 비서 3인방(당시 4인방)을 통해서만 연결되고, 소통을 않는 전근대적 방식이 지금까지 제대로 문제 되지 않았다는 게 오히려 더 이상한 일이라 했다. 지금은 '입안의 혀' 코스프레를 하는 김무성 대표도 한때 박 대통령을 "민주주의 개념이 부족한 분"이라고 했다.……박 대통령은 아마 왕을 했으면 잘했을 분이다. 차라리 1970년대에 박정희 대통령을 이어 곧바로 세습 통치를 했으면, 지금 같은 마찰은 없었을 것이다. 너무 늦게 대통령이 됐다.[11]

---

10 성한용, 「박근혜 대통령 성공할 수 있다」, 『한겨레』, 2014년 2월 25일.
11 권태호, 「3인방은 물러나지 않을 것이다」, 『한겨레』, 2014년 12월 8일.

(3) 더 본질적인 건 국정 운영의 문제다. 비서 3인방을 통해 모든 일을 처리하는 박 대통령은 1970년대의 아버지를 떠올리고 있을 것이다. 그러나 중요한 차이가 있다. 박정희 대통령은 그래도 핵심 어젠다에 대해선 정부 부처 국·과장의 보고를 직접 받기도 했다. 1970년대 초반 내무부 담당관이던 고건 전 총리가 산림녹화 사업과 새마을운동에 관해 박 대통령에게 여러 차례 직접 브리핑한 일화는 유명하다. 지금 청와대에선 국·과장은 고사하고 장관이나 수석비서관이 대통령과 현안을 놓고 토론을 벌였다는 얘기가 나오질 않는다. 새해 기자회견 내용이 메마른 화장처럼 붕 떠 있는 건 다른 까닭이 아니다. 장관의 대면 보고가 너무 적다는 지적에 "그게 필요하다고 생각하세요?"라고 농담하는 대통령을 보면서 국민들은 "정말 국정을 제대로 이해하고 있는 걸까"라는 의문을 지울 수가 없다. '불통'보다 더 무서운 평가는 '무능'이다.[12]

(4) 정치를 시작하기 전부터 박 대통령은 아버지의 꿈을 계승하는 것이 자신의 운명이라고 여기고 있음을 엿볼 수 있다. 아버지가 기초와 뼈대를 세운 나라를 완성하는 게 일종의 소명이라고 생각한 것이다. 박 대통령 취임 뒤 2년 동안 '경제 혁신 3개년 계획'이나 '제2의 한강의 기적', '지구촌 새마을운동' 등 1960~1970년대 아버지가 내세운 슬로건의 업그레이드 버전이 자주 등장하는 것도 이와 관련이 있어 보인다.……전직 대통령들이 당대의 시대정신에 기반을 두고 국정을 고민했다면, 박

○ ---

12 박찬수, 「가장 신뢰하는 함정」, 『한겨레』, 2015년 1월 14일.

대통령에게 국정은 아버지 때부터 이어져온 국가의 부흥 과정이고, 이를 위해 자신은 무한히 헌신하고 있다고 믿고 있는 것이다. 하지만 스스로에게 '대를 이어 헌신하고 봉사하는 지도자'라는 고결한 의미를 부여하고 나면, 그만큼 오류나 잘못을 인정하기 어려운 '무결점주의'에 빠지기도 쉽다. 박 대통령의 고집은 바로 이 무결점주의에서 비롯된다.[13]

(5) 1970년대 '좋았던 그 시절'에 대한 박근혜 대통령의 '강박증'이 최근 더욱 도드라지고 있다. 중동 4개국 순방에서 돌아온 박 대통령은 '제2의 중동 붐은 하늘의 메시지'라는 신념 전파에 열중하고 있다. "제2의 중동 붐이 제2의 한강의 기적으로 이어질 것이라 확신한다", "대한민국의 청년이 텅텅 빌 정도로 한번 해보세요, '다 중동 갔다'고 (말할 수 있도록)" 등의 발언을 계속하면서, 1970년대 중동 붐 되살리기가 우리 경제의 해법이라고 강조한다. 사상 최악의 청년 실업 시대에 박 대통령이 이런 발언을 하자 "너나 가라 중동", "박 대통령 지지하는 분들은 자식과 손자를 중동으로 보내 각하를 기쁘게 하라" 등의 분노와 냉소가 들불처럼 번졌다. 그 아래엔 박 대통령의 인식이 1970년대에 고착돼 현재 국제정세나 한국 사회의 현실과 계속 엇나가는 시대착오성에 대한 절망감이 있다.[14]

(6) 박근혜 대통령은 자신과 소수 행정부 관료들이 만든 이른바 '경제

13 조혜정 · 석진환, 「박 대통령 고집 · 불통 뒤엔 '대 이은 헌신 · 봉사' 확신」, 『한겨레』, 2015년 2월 23일.
14 박민희, 「박 대통령의 1970년대 강박증」, 『한겨레』, 2015년 3월 26일.

활성화 법안'을 막무가내로 밀어붙이고 있다. 야당이 법안의 실효성에 이의를 제기하자 심판론까지 꺼내들었다. 그의 얼굴에는 야당에 대한 혐오가 이글거린다. 도대체 왜 그러는 것일까. 20대 '퍼스트레이디 대리' 시절 경험했던 박정희 방식이 편하기 때문일 것이다. 박정희 방식의 요체는 대통령 1인 지배 구조다. 독재다. 그런데 그렇게 해서 잘될까? 안 될 것이다. 지금은 1970년대가 아니다. 큰일이다. 대한민국은 박근혜 대통령만 바라보다가 '잃어버린 20년' 블랙홀로 빨려들어가는 경로에 들어선 것 같다.[15]

(7) 현 게이트의 가장 큰 위기는 '신뢰'의 붕괴다. 그래서 어떤 방도도 통하지 않는다. 그런데 박 대통령은 마치 도망가면서 위기 때마다 호리병 던지는 동화 속 아이처럼 '개헌', '개각' 등 먹히지도 않는 카드를 자꾸 던진다. 지금은 1970년대가 아니고, 사람들은 박 대통령은 물론, 박 대통령이 조언을 구하는 그들보다 훨씬 똑똑하다.[16]

(8) 대통령 직속 문화융성위원회와 미르재단 · K스포츠재단이 최순실 씨(60)의 부친 최태민 씨가 1970년대 후반 주도했던 '새마음운동'을 부활시키려 했다는 의혹이 제기됐다. 『동아일보』가 입수한 2013년 10월 1일 열린 제2기 문화융성위 2차 임시 회의록에 따르면 "인문정신이 바탕이 되는 사회를 만들기 위해 과거 새마을운동처럼 '새마음운동'을 추

---

15 선한용, 「'잃어버린 20년' 피할 길이 안 보인다」, 『한겨레』, 2015년 11월 13일.
16 권태호, 「박 대통령은 왜 거짓말을 잘할까?」, 『한겨레』, 2016년 11월 3일.

진하여 생활 속에 인문정신과 생활문화가 확산되도록 한다"는 발언이 나왔다. 2014년 6월에 열린 문화융성위 3차 임시 회의에서는 인문학 활성화를 위한 사업으로 "과거 육영수 여사의 고전서적 보급(자유교양협회 등) 등 대통령이 직접 바람을 일으킬 수 있는 일을 하셔야 국민적인 관심이 일어날 것"이라는 발언이 나오기도 했다.[17]

(9) 그맘때쯤 박근혜 의원의 삼성동 자택을 방문한 적이 있는데, 뭔가 무겁고 어두운 분위기가 인상적이었다. 집 안 전체가 박정희 대통령과 육영수 여사의 사진, 그림 등 유품으로 뒤덮였는데, 밝고 명랑한 살림집 보단 박정희 기념관 분위기였다. 한마디로 1970년대에 머물러 있는 듯해 아버지와의 대화 시간이 많겠다는 생각이 들었다.[18]

'대면 보고' 기피증은 '인간 혐오' 성향 때문인가?

박근혜가 '1970년대의 청와대'에 유폐된 과거 중독자가 된 데엔 사람 만나기를 꺼리는 '사람을 싫어하는 사람misanthrope' 성향이 있는 것도 적잖이 작용했을 것이다. 10여 년 전 박근혜를 도왔던 원로 정치인은 박근혜가 "심리적 갑옷을 겹겹이 껴입어 늘 서늘하다"고 했다는데,[19] 그게 단지 박근혜가 '얼음공주'였기 때문일까? 앞서 소개

한 전여옥의 『i 전여옥: 전여옥의 '私, 생활'을 말하다』(2012)엔 이런 이야기가 나온다.

"박근혜의 스킨십은 매우 독특하다. 잘 모르는 대중과의 스킨십은 매우 잘한다. 그러나 정작 바로 옆에 있는 사람과의 스킨십은 꺼려한다. 비행기를 탈 때 이코노미석의 옆 좌석을 블록을 만들어 비워놓기도 하듯, 승용차 안에 다른 의원을 태우고 가면서 이야기를 하거나 하는 일이 거의 없다. 내가 막 대변인이 됐을 때 일이다. 당사람들이 대변인은 대표와 늘 차를 함께 타는 것이라고 했다. 생판 정치판을 모르는 나는 당연히 그런가보다 하면서 당시 박근혜 대표의 승용차를 탔다. 그런데 그날로 비서관이 내게 말했다. '딴 차 타고 따라오시라'고. 나는 그때 알았다. 그녀가 불편해한다는 것을 운전기사와 비서관 말고는 불편한 것이다."[20]

박근혜가 대면 보고를 싫어하는 것도 바로 그런 이유 때문일 게다. 집권 초부터 조찬 만찬행사가 사라졌다, 대통령이 밤새 보고서를 읽는다, 대통령이 본관으로 출근할 때 하던 등청·퇴청 행사가 사라졌다는 소문이 흘러나왔다거나 조윤선 문화부 장관이 정무수석 시절 "한 번도 독대를 못했다"고 한 것도 박근혜의 그런 묘한 성향을 잘 말해준다.[21] 오죽하면 당대표 시절 박근혜가 물을 잘 마신다고 해서 국회 본청 내 정수기 앞에서 기다리는 의원들이 있었을까?[22]

19 윤정호, 「윤정호 앵커 칼럼」 박근혜의 눈물」, 「TV조선」, 2016년 12월 2일.
20 전여옥, 「i 전여옥: 전여옥의 '私, 생활'을 말하다』(현문, 2012), 123~124쪽.
21 정성희, 「대면 보고 꺼린 대통령의 원죄」, 「동아일보」, 2016년 12월 3일.

세월호 참사 당일 불거진 '박근혜의 7시간' 논란도 그의 그런 인간 혐오증과 무관치 않았다. 박근혜는 그 엄청난 참사가 벌어진 날 21회(국가안보실 10회, 비서실 11회) 보고를 받았다지만 모두 서면과 전화를 통해 이루어졌을 뿐 대면 보고는 없었다.[23] 그게 말이 되나? 그러고서도 전혀 정신을 차리질 못했다.

앞서 지적했듯이, 그래서 기자회견장에서 장관의 대면 보고가 너무 적다는 지적에 "그게 필요하다고 생각하세요?"라고 농담하듯 장관들에게 되묻는 어이없는 행태를 보였을 것이다. 물론 그건 농담이 아니었다. 오죽하면 "콘크리트 벽을 보고 얘기하는 기분이 든다"거나 "성은이 망극하옵니다. 저희 백성들은 견마지로犬馬之勞를 다하겠습니다"라는 자조 섞인 반응이 나왔을까?[24] 이와 관련, 『동아일보』 논설위원 박성원은 다음과 같이 말했다.

박근혜 대통령이 신년 회견에서 배석 장관들을 향해 "그게(대면 보고가) 필요하다고 생각하세요?"라고 물었을 때, 여기저기서 가슴 철렁하는 소리가 들리는 듯했다. 웃음을 띠기는 했지만 '대체 어떤 얘기들을 하고 다녔기에 대면 보고 부족 얘기가 나오는 거냐'는 레이저 광선이 느껴졌기 때문이다. 박 대통령이 "각 부처 고위 공무원 인사는 해당 부처 장관이 전부 실질적 권한을 행사한다"고 했을 때는 각 부처의 출입기자들이

22 최경호, 「[월간중앙 12월호] "백번 양보한다 해도 당대표까지만 했어야 할 인물"」, 『온라인 중앙일보』, 2016년 11월 26일.
23 조혜정, 「대통령 '대면 보고' 기피…궁금하면 전화, 관심 멀어지면 뚝」, 『한겨레』, 2015년 2월 23일.
24 송평인, 「출구 찾아야 할 박근혜 스타일」, 『동아일보』, 2015년 1월 13일.

곳곳에서 한숨을 쉬었다. 대통령의 말이 사실이라면 부처 국·과장급 인사까지도 청와대 결재를 받기 위해 몇 달 동안 기다려야 한다던 부처 관계자들이 거짓말을 했거나, 대통령도 모르는 새 청와대 문고리 권력들이 장관들의 인사권을 가로채 주물러왔다는 얘기가 된다.[25]

중앙대학교 명예교수 이상돈은 인터뷰에서 "대통령은 언론에 다 나온 얘기를 마치 남 얘기 하듯 하고, 수석이나 장관들은 열심히 그걸 받아 적고 있다"는 기자의 질문에 이렇게 답했다. "대한민국 역사상 그런 모습은 처음일 것이다. 청와대에 토론과 대면 보고가 없다는 것은 누가 봐도 비정상이다. 대통령과 비서실장, 수석들은 매일 만나 토론을 해야 한다. 공식회의 때 말고는 수석이나 장관들이 대통령 얼굴 볼 일이 없다는 게 말이 되나." 박근혜 특유의 '유체이탈 화법'도 그의 '인간 혐오' 성향과 무관치 않은 것 같다. "대통령 기능에 중대한 고장이 나 있는 거다. 대통령이 편하게 대할 수 있는 최측근 몇 명 빼고는 다른 사람들과 만나 얘기하는 게 불편한 것 아닌가 싶다."[26]

○ --

25 박성원, 「朴 대통령, 문지방 돌덩이들을 어쩔 것인가」, 『동아일보』, 2015년 1월 16일.
26 배명복, 「징와대 조직·은폐 의옥…사실이면 한국판 워터게이트 [배명복의 직격 인터뷰] 이상돈 중앙대 명예교수」, 『중앙일보』, 2014년 12월 19일.

'콘텐츠 부족'과
'문자와 말의 차이를 모르는 무지' 때문인가?

『중앙일보』 논설위원 김진은 박근혜의 그런 문제에 대해 이런 대안을 제시했다. "가장 심각한 건 대통령 집무실이 비서실과 500m나 떨어져 있다는 것이다. 박근혜는 구중궁궐九重宮闕 속에서 부속비서관 2명만 데리고 고독한 여왕이 되어 있다. 대통령은 2인을 데리고 비서실 건물로 옮겨야 한다. 미국 백악관처럼 대통령과 핵심 참모들이 옹기종기 모여 앉아야 한다. '수첩'과 지역 편중 인사는 대통령이 인물의 평판과 세상의 불평을 제대로 듣지 못해 생기는 것이다. 외부 인사도 잘 안 만나고 내부의 대면 보고도 적으니 대통령은 세상 이야기에 떨어져 있기 쉽다. 야당과 언론은 대통령의 귀를 세상 쪽으로 잡아당겨야 한다."[27]

그러나 무슨 수로 박근혜의 귀를 세상 쪽으로 잡아당길 수 있단 말인가. 2015년 8월 비무장지대DMZ 지뢰 폭발 사건이 났을 때도 박근혜는 대면 보고를 받지 않았다. 그렇게 사람 만나는 게 귀찮고 혐오스러우면 대통령은 뭐하려고 했나? 누가 하라고 등 떠밀었나?『경향신문』은 「위기 상황에도 대면 보고 안 받는 '불통 대통령'」이라는 사설을 통해 다음과 같이 말했다.

"대통령이 생각하는 보고란 머리를 맞대고 문제를 함께 해결해

27 김진, 「찌라시 바늘로는 고래 못 잡는다」, 『중앙일보』, 2014년 12월 24일.

가는 과정이 아니다. 자신의 지시를 '빨리빨리' 전달하는 도구일 뿐이다. 박 대통령은 소통 능력이 부족한 게 아니라, 소통의 필요성 자체를 모르는 것이다. 그러니 현실에서 유리되지 않을 수 없다. 지난 10일 국방부가 지뢰 폭발 사건 개요를 발표하던 시간, 박 대통령이 수석비서관회의에서 북한의 표준시 변경만 비판한 것이 단적인 예다."[28]

박근혜 정부의 전직 고위 관계자는 "수석들이 대통령을 만나기 위해 대면 보고 요청을 제1부속실에 하면 '이메일narelo로 보내세요'라는 답변만 듣는다고 했다.[29] 청와대 수석에게도 그런 짓을 했으니, 국민과의 대화는 더 말할 것도 없었다. 오죽하면 어느 대학 커뮤니티에서 다음과 같은 글이 폭풍 지지를 받았을까? "박근혜(대통령)의 장점: 북한과 대화를 하지 않는다. 박근혜(대통령)의 단점: 국민과 대화를 하지 않는다."[30]

박근혜가 대면 보고를 기피하는 이유에 대해 새누리당의 한 인사는 "박 대통령은 콘텐츠가 없는 사람이다. (오랜 정치 생활을 했다는 점을 감안하면) 깜짝 놀랄 정도다. 대면 보고를 받으면 그 자리에서 결정을 내려줘야 하는데 그게 불가능하다"고 적나라하게 지적했다.[31] 전 노동부 장관 남재희도 비슷한 견해를 제시했다. "기본적으로 박 대통령이 직접 얘기하면 실력 없는 게 드러나니까 서면 보고

○ ---
28 「[사설] 위기 상황에도 대면 보고 안 받는 '불통 대통령'」, 『경향신문』, 2015년 8월 15일.
29 김종철, 「"김기춘마저 인사위에서 이재만의 눈치를 봤다"」, 『한겨레』, 2016년 11월 19일.
30 강쮸인, 「빅 내통령의 칭찜, 빅 대통링의 틴짐」, 『중잉밀보』, 2015년 9월 3일.
31 최혜정·서보미, 「"박 대통령, 대면 보고 '기피증'…콘텐츠가 없는 탓"」, 『한겨레』, 2015년 8월 24일.

받고, 아는지 모르는지 사인만 하는 거다. 옛날에 해보면, 대면 보고는 (대통령도) 어지간히 알아야 되는데, 실력 차가 너무 나고 모르면 보고를 받을 수가 없다. 사회적인 지식이나 지적 수준이 대등한 대화가 불가능한 게 아니냐고 보는 거고."[32]

전 환경부 장관 윤여준은 CBS 라디오 인터뷰에서 '박 대통령이 대면 보고를 기피한다는 비판이 있다'는 물음에 "저도 청와대 근무를 오래한 사람으로서 정말 이해하기 어려운 일"이라며 "가만히 생각해보니까 아마도 박 대통령이 문자와 말의 차이를 모르는 거 아니냐. 서면으로 보고 받는 거 하고 대면 보고를 받는 것하고 어떤 차이가 생기는지를 몰라서 그러는 게 아닌가 싶다"고 말했다.[33]

그렇다면 '인간 혐오' 성향과 '콘텐츠 부족', '문자와 말의 차이를 모르는 무지' 때문에 대면 보고를 그렇게 결사적으로 기피하는 건가? 그렇게 해서 얻은 게 뭔가? 그게 바로 최순실 게이트다. 최순실이 밖에서 무슨 짓을 하고 다니는지 몰랐다는 박근혜의 말을 그대로 믿는다면 말이다. 이와 관련, 『동아일보』 논설위원 허문명은 다음과 같이 말한다.

"대통령을 보좌하는 경호실과 정보기관들은 최씨의 존재와 역할을 모두 알고 있었을 가능성이 높다. 그런데도 사태가 이 지경까지 온 첫 번째 이유는 대통령이 대면 보고를 받지 않는 자폐적, 비상식적 조직 운영 때문이었다. 정보는 눈, 귀 등 오감기관이자 신경조직

32 김상범, 「"박근혜는 이미 '좀비 대통령'…속 보이는 개헌 책략 버려라"」, 『경향신문』, 2016년 12월 1일.
33 황준범, 「윤여준 "'대면 보고 기피' 박 대통령, 문자와 말 차이 몰라"」, 『한겨레』, 2015년 8월 27일.

이다. 정보 관리야말로 조직 관리의 기본이다. 여러 정보 라인을 복수로 두고 각각 보고 받으며 한편으로 경쟁시키고 한편으로 크로스체크하며 조직을 점검, 진단, 개혁해야 한다. 하지만 대통령은 대면보고를 받지 않은 것은 물론이고 정보기관 운용에 대한 기본적인 조직 관리가 안 되다 보니 모든 중요 정보를 측근 몇 사람을 통해서만 집중해 받았다. 이 과정에서 차단되고 왜곡된 정보들이 들어갔으리라는 것은 불을 보듯 뻔한 일이다."[34]

왜 폴 크루그먼은 「우리가 몰랐던 나라」라는 글을 썼나?

자신의 주변을 콘크리트 벽으로 쌓지 않고 정반대로 세상 돌아가려는 걸 알려고 애써도 잘 알 수 없는 게 권력 엘리트의 원초적 한계다. 최근 미국 대선 결과는 이걸 드라마틱하게 잘 보여주었다. 박근혜가 세상과 얼마나 차단되어왔는지를 제대로 이해하기 위해 잠시 미국 이야기를 좀 해보자.

미국 경제학자 폴 크루그먼Paul Krugman은 대선 개표 상황이 도널드 트럼프Donald Trump의 승리로 기울던 11월 8일 밤 11시께 「우리가 몰랐던 나라」라는 제목의 글을 올려 극심한 실망감을 표출했다. 그는 "우리가 분명히 알고 있는 것은 나를 비롯해 아마도 『뉴욕타임

---

34 허문명, 「경호실-군-경-국정원은 모두 알고 있었다」, 『동아일보』, 2016년 12월 2일.

스』를 읽는 대다수 독자들이 우리가 살고 있는 나라를 제대로 이해하지 못하고 있었다는 사실"이라고 운을 뗐다. 미국 시민들이 고위 공직자로서 자질 부족이 명백한 후보에게 투표하진 않을 것이라고 생각했으며, 이 나라가 인종적 편견과 여성 혐오에서 한참 벗어났다고 할 순 없지만 훨씬 개방적이고 관용적인 사회가 되었다고 여겼는데, 선거 결과는 '우리'가 틀린 것으로 나타났다는 것이다. 크루그먼은 "주로 시골 지역의 수많은 백인 유권자들은 미국에 대한 이상을 공유하지 못하고 있는 것으로 드러났다"고 지적했다. 그들에게 이번 선거는 핏줄과 땅, 전통적인 가부장 가치와 인종적 위계질서의 선택이었다는 것이다.[35]

그런 쓰라린 좌절감 때문이었을까? 크루그먼은 11월 9일자 『뉴욕타임스』 1면 칼럼에선 주 정부·러시아 정보국·미 연방수사국 FBI이 여론을 조작하고 비非백인 유권자의 투표를 방해했다며 "이번 미국 대선은 사실상 조작된 부정선거"라고 주장했다. 그는 "트럼프는 공화당에서, 여론을 주도하는 계층 사이에서 널리 지지를 받는 터무니없는 정책을 긁어모아 이를 자신의 언어로 해석·변조한 뒤 요란스럽게 떠들어대고 있다"며 "트럼프는 자기가 지금 무얼 모르는지조차 모르고 있다"고 비난했다.[36]

트럼프의 당선이 놀랍지만, 내겐 트럼프의 당선보다는 크루그먼

35 이용인·조일준, 「미 진보 지식인·소수자들 '낙담'…"엄청난 절망감 왔다"」, 『한겨레』, 2016년 11월 10일.
36 정철운, 「트럼프 대통령? 끝났다던 선거, 왜 뒤집혔나」, 『미디어오늘』, 2016년 11월 10일.

의 생각이 훨씬 더 놀랍다. 힐러리 클린턴Hillary Clinton을 지지하는 엘리트 지식인들이 트럼프와 그의 지지자들에 대해 드러내는 무지와 편견은 보기에 딱할 정도다. 힐러리도 마찬가지다. 힐러리가 지난 9월 "트럼프를 지지하는 절반을 개탄할 만한 집단basket of deplorables이라고 부를 수 있다"고 말했을 땐,[37] 남의 나라 선거임에도 혀를 끌끌 차면서 힐러리가 패배할 수도 있겠다는 생각을 했다. 적과 적의 지지자들을 전혀 이해하지 못하는 상태에서 어떻게 적을 이길 수 있겠느냐는 이유에서였다.

트럼프는 '인종적 편견과 여성 혐오'로 볼 수 있는 언행을 많이 저질렀지만, 그런 혐의를 결코 인정하지 않는다. 트럼프 지지자들의 대다수가 트럼프의 '인종적 편견과 여성 혐오'를 지지하는 것도 아니다. 그건 자신들이 먹고사는 문제와 가진 자들만의 놀이로 전락한 정치(금권정치)보다는 덜 중요한 이슈라고 여겼을 뿐이다. 그럼에도 그간 주류 언론을 포함한 주류 세력이 홍수처럼 쏟아낸 트럼프에 대한 비난과 공격은 트럼프의 '인종적 편견과 여성 혐오'에만 집중되었으니, 이들은 모두 헛장사를 한 셈이다. 11월 18일 〈JTBC 뉴스〉의 다음과 같은 보도를 보면, 빌 클린턴Bill Clinton은 그 점을 어느 정도나마 깨닫고 있었던 것 같다.

"힐러리 클린턴의 첫 외출은 부부 불화설 속에 이뤄졌습니다. 일부 외신은 클린턴 부부가 FBI 국장의 재수사 선언과 관련해 서로 고

---

37 윤정호, 「노동절 표심 뚜껑 열어보니…클린턴, 아슬아슬 리드」, 『조선일보』, 2016년 9월 12일.

성을 질렀다고 보도했습니다. 빌 클린턴 전 대통령의 얼굴이 빨개져 휴대전화를 집어던졌다는 얘기까지 나왔습니다. 클린턴 전 대통령은 선거 기간 힐러리 캠프에 백인 노동자의 경제 문제를 핵심 정책으로 다루자고 했으나 받아들여지지 않았고, 그 과정에 부부간 갈등의 골이 더 깊어졌다는 해석이 나옵니다."[38]

자신이 노는 물의 관점에서 세상을 보는 '가용성 편향'

사실 크루그먼이 미국을 제대로 이해하지 못하고 있는 게 아니다. 한국인인 나도 잘 아는 걸 크루그먼이 모를 리 없다. 그는 미국을 잘 이해하고 있지만, 무엇이 더 중요한가 하는 가치 판단에서 먹고사는 문제에서 자유로운 엘리트주의적 편향성에 빠져 있는 것이다.

심리학 용어 중에 '가용성 편향availability bias'이란 게 있다. 속되게 말하자면, 사람은 자신이 노는 물의 관점에서 세상을 바라본다는 이야기다.[39] 약 100년 전 미국의 신문기업가 에드워드 스크립스Edward W. Scripps, 1854~1926가 그 점을 날카롭게 지적했다는 게 흥미롭다. 그는 사주는 이윤 추구의 욕망 때문에 부패하기보다는 자본이 자신을 다른 동료들과 격리시키기 때문에 부패한다고 했다. "이러한 격리는

○ ---

38 심재우, 「클린턴, 대선 패배 후 첫 외출⋯ '부부 불화설' 재점화」, 『JTBC 뉴스』, 2016년 11월 18일.
39 강준만, 「왜 머릿속에 잘 떠오르는 걸 중요하다고 생각하나?: 가용성 편향」, 『감정 독재: 세상을 꿰뚫는 50가지 이론』(인물과사상사, 2013), 113~117쪽 참고.

인간에 대한 연민을 줄어들게 만든다." 그는 또 부자들의 개인적인 성격은 자신과 전혀 다른 세계에 사는 가난한 사람들과 친밀해질 수 없다는 그 자체의 효과 때문에 변질된다고 했다. "사회적 자본가 계급은 재빠르게 사회지배계층으로 자리 잡고 그 안에서 자신의 위치를 굳건히 하며, 자본주의자가 된 저널리스트는 불가피하게 바깥의 더 큰 공동체 구성원들과 멀어진다."[40]

엘리트 그룹은 이념의 좌우에 관계없이 한통속이 될 가능성이 매우 높다. 프랑스 『르몽드』 편집부국장 토마스 페렌치Thomas Ferenczi가 "저널리스트들과 정치인들은 같은 '소우주microcosm' 속해 있다"고 불평한 것도 바로 그 점을 지적한 것이다. "이들은 젊었을 때 같은 학교에 다니고, 이후에는 같은 지역에 살며, 같은 휴양지에 간다.……여기에 민주주의의 현실적 위험이 도사리고 있다. 다시 말해, 저널리스트들과 정치인들은 서로 밀접하게 연결되어 있기 때문에 미디어가 무엇을 보도해야 하는가에 대한 자신들만의 편협한 생각을 가지고 있다.……그래서 일반 국민의 관심과 이해관계를 무시한다."[41]

그렇다. 미국이건 프랑스건 한국이건 이념의 좌우를 막론하고 엘리트 계급의 가장 큰 문제는 그들의 일상적 삶이 서민 계급과 차단되어 있다는 점이다. 언론 보도를 통해 머리로는 서민들의 삶에 대해

○ --

40 마이클 셔드슨(Michael Schudson), 이강형 옮김, 『뉴스의 사회학』(한국언론진흥재단, 2011/2014), 153쪽.
41 마이클 셔드슨(Michael Schudson), 이강형 옮김, 『뉴스의 사회학』(한국언론진흥재단, 2011/2014), 172쪽.

어느 정도 알망정 가슴으론 그들의 절박성에 공감하지 못한다. 당장 먹고사는 문제로 고통 받는 사람들에게 그 문제는 아예 언급조차 하지 않은 채 "왜 당신들은 나처럼 '인종적 편견과 여성 혐오'에 분노하지 않느냐"고 윽박지르는 건 자신이 딴나라 세상 사람임을 실토하는 것에 지나지 않는다.

노벨경제학상 수상자(2008년)로 『뉴욕타임스』에 2주에 한 번 칼럼을 게재하고 있는 폴 크루그먼은 칼럼 원고료가 대학 연봉보다 많다고 하니 강연료나 자문료 수입도 만만치 않을 것이다.[42] 그런 경제적 풍요 못지않게 중요한 것은 그가 정신없이 바쁘게 지내면서 만나는 사람들이 거의 대부분 같은 엘리트 계층에 국한되어 있다는 점이다. 그러니 백인 노동자들의 절박한 사정에 공감하긴 어려울 것이고 그래서 그들의 트럼프 지지를 인종차별주의로만 보는 건지도 모른다.

"정치인들은 물론 노조도 노동계층의 사정을 모른다"

흥미롭게도 그런 편향성은 대선 직전 트럼프를 공개적으로 비판한 노벨경제학상 수상자 19명의 성명서에도 고스란히 나타났다. 이 성명서는 세계화의 역풍이 시민의 일상에 미치는 분석을 부수적인 것

---

42 정재형, 「[Weekly BIZ] "NYT에 2주에 한 번 칼럼…대학 연봉보다 더 벌어"」, 『조선일보』, 2016년 10월 15일.

으로 간주하면서 트럼프 지지층의 사회경제적 곤란에 대해 언급조차 하지 않았다. 370명의 경제학자가 연이어 내놓은 성명서 역시 세계화와 무역의 문제를 따지면서 이렇게 말했다. "트럼프는 무역협정이 국민소득과 부를 잠식한다고 말하면서 대중을 호도하고 있다. 물론 그 혜택이 균등하게 분배되지는 않았고 이것 자체가 중요한 논의 대상이지만, 1980년 이래로 평균 소득과 평균 부는 상당히 증가했다."[43]

참 지독한 사람들이다. 세계와 미국이라는 거시적 관점에서만 평균을 이야기하면서 굶어죽게 생겼다고 아우성치는 사람들의 딱한 사정에 대해선 "물론 그 혜택이 균등하게 분배되지는 않았고 이것 자체가 중요한 논의 대상이지만"이라는 말로 털고 가는 이들의 냉정함을 어떻게 이해해야 할까? 이들이 토로하는 '인종적 편견과 여성혐오'에 대한 분노도 거시적인 인류 문명 차원의 것은 아닌지 모르겠다. 민주당 경선에서 힐러리에게 패한 버니 샌더스는 선거에 패한 민주당에 "워싱턴을 벗어나 노동자를 만나라"고 했는데,[44] 경제학자들도 노동자들을 만나야 하는 게 아닐까?

그렇다면 노동조합이라도 백인 저소득층의 이익을 대변해주어야 할 텐데, 그것도 아니다. 미시간주 디트로이트 인근 머콤카운티에 있는 크라이슬러 자동차 공장에서 23년째 일하고 있는 백인 노동자 크리스 바이텔(44)은 노조를 향해 "멍청이들"이라며 "노조도 정

○ -
43 이상헌, 「트럼프 시대의 '반지성주의'」, 『경향신문』, 2016년 11월 18일.
44 이용인, 「[러스트벨트 르포 ②] 샌더스 지지자는 클린턴을 버렸다」, 『한겨레』, 2016년 11월 23일.

치인들과 마찬가지로 노동계층에서 어떤 일이 일어나는지 모르고 있다"고 비난했는데,[45] 이게 단지 그 혼자만의 생각일까?

이게 지금 남의 나라 이야기가 아니다. 미국인의 3분의 2는 미국 경제가 부자들을 위해 조작되었다고 여기며, 10명 중 7명이 엘리트 정치인은 보통 사람의 삶에 관심이 없다고 생각하는데,[46] 한국인은 달리 생각할까? 그런데 흥미로운 건 미국은 물론 한국에서조차 트럼프 비판자들이 트럼프 못지않은 '인종적 편견'으로 트럼프 현상을 바라보고 있다는 점이다. 이와 관련, 경북대학교 사회학과 교수 김광기의 다음과 같은 주장은 경청할 만하다.

"'트럼프 쇼크'를 말하는 하나의 요인, '미국 우선주의'다. 나는 그것이 왜 쇼크거리인지, 왜 지금 문제가 되는지 도무지 이해가 안 된다. 미국이 언제 자국의 실리를 우선으로 하지 않은 적이 있었던 가? 미국은 패권국가로 군림해왔는데, 마치 아니었던 것처럼 새삼스럽게 호들갑이라니. 트럼프의 미국 우선주의가 말하려는 것은 실리 추구의 결과물을 미국인 전체가 나눠 갖지 못하고 극소수만 향유했고, 따라서 과거의 미국은 국민 위주가 아니었다는 것을 의미한다. 이것은 '지구화'에 대한 회의와 통한다. 전지구화로 인해 미국의 중산층이 붕괴되고 있는 것을 더이상 방치할 수 없다는 것이다. 그 일환이 자유무역협정FTA에 대한 재고이다. 이 지점에서 내가 도저히 이해할 수 없는 것은, 이를 고립주의라며 비난하는 우리나라 진보

○ --

45 이용인, 「"외국산에 밀려 실직…노동자 분노, 트럼프가 얘기해줘"」, 『한겨레』, 2016년 11월 22일.
46 문정우, 「트럼프가 드러낸 위태로운 세상」, 『시사IN』, 제454호(2016년 6월 2일).

진영의 모순된 시각이다. 트럼프의 주장은 자유무역협정이 서민들의 삶을 더욱 피폐하게 만들 것이라며 반대하던 우리나라 진보 진영의 시각과 일맥상통한다. 이 점에 있어서 자유무역협정을 반대하는 나는 트럼프가 극히 제정신을 가진 것으로 보인다."[47]

우리나라 진보 진영의 모순된 시각은 '인종적 편견'과 더불어 트럼프의 당선은 한국에 매우 불리하다고 보는 '애국심'과 관련이 있는 것으로 보인다. 국내 언론의 트럼프 관련 기사나 칼럼에서 빠지지 않고 등장하는 것이 트럼프의 주요 지지자들이 '저소득, 저학력 백인'이라는 점이다. 물론 폄하하는 투로 지적한다(이번 대선에서 백인 고학력층도 46대 54의 비율로 트럼프에게 더 많은 표를 던진 것으로 나타났다). 그들은 국내에서 한미자유무역협정을 반대하는 사람들이 '저소득, 저학력층'이라고 깔보지 않았을 뿐만 아니라 오히려 그렇기 때문에 반대의 논리가 진보적 원칙에 더 충실한 것으로 간주했다. 그런데 미국의 트럼프 지지자들에겐 전혀 다른 평가 기준을 들이댄다. 왜 그럴까? 그들이 바로 '백인'이며 한국의 이익에 불리하기 때문이라는 것 이외엔 달리 설명할 길이 없다. 그들의 그런 생각이 옳건 그르건 말이다.

---

47 김광기, 「트럼프 핑계 대지 마라」, 『경향신문』, 2016년 11월 14일.

누가 박근혜를 대통령으로 만들었는가?

한국에도 트럼프가 나타날 수 있을까? 한국은 인종 변수가 없기 때문에 쉽게 답하기 어려운 문제다. 미국 워싱턴대학 석좌교수 하용출은 2015년 10월 "분배 구조의 양극화는 갈수록 많은 국민을 생계 대책조차 어려운 지경으로 내몰고 있으며 한국 사회의 통합도 어렵게 하고 있다"며 "한국 정치에는 트럼프가 필요하다"고 주장했다.[48] 하지만, 좋은 의미에서건 나쁜 의미에서건, 당분간 한국 정치에 트럼프가 나오긴 어려울 것이다. 막말이나 독설만 잘한다고 트럼프가 되는 건 아니기 때문이다.

한국에선 이상하게도 막말이나 독설을 잘하는 정치인을 '한국의 트럼프'라는 식으로 부르는데, 이건 명백한 오용誤用이다. 누구를 대상으로 막말이나 독설을 했는지를 봐야 한다. 트럼프처럼 정치권 전체를 공격하면서 정치에 등을 돌린 파편화된 유권자들의 광범위한 지지를 끌어내기 위해선 기존 진영 논리와 지역주의적 계산에서 완전히 자유로워야 하는데, 국내엔 그렇게 해왔거나 할 수 있는 정치인이 없다. 이른바 '박근혜 게이트'와 관련, 고려대학교 명예교수 최장집이 제시한 다음과 같은 견해도 경청할 만하다.

"이번 위기에도 리더들은 광장 시민들의 동향에만 집중하고 있다. 자신이 어떻게 대응할 것인지를 판단하는 지도자가 별로 없다.

---

48 하용출, 「한국 정치에는 트럼프가 필요하다」, 『한국일보』, 2015년 10월 12일.

우리나라는 지도자가 빈궁하다. 이런 힘을 조직해내고 정당으로 발전할 수 있게 하는 좋은 지도자가 없다. 정당이 먼저 있고 그 속에서 지도자가 나오는 게 보통의 유형이지만 우리 현실이 이러니 그런 좋은 지도자를 바라는 측면이 있다. 예를 들어, 트럼프는 미치광이 소리를 들으면서도 자기 신념이 굉장히 확실해서 그것이 틀리든 맞든 제쳐두고 언론이 뭐라든 온 세계가 뭐라든 내 할 건 내가 한다고 해서 된 거다. 굉장히 희귀한 비루투virtu(용기·담대함·능력)를 가진 정치인의 승리라고 본다. 우리나라는 이러한 자질을 갖는 지도자가 없고 남의 눈치만 보고 여론만 본다. 언론이 자신의 말을 어떻게 보도하는지에만 자꾸 신경 쓴다. 정치인들이 전부 그런 일만 하고 있다. 언론에 의해 인도되는 정치라고 말할 수 있다. 그러려면 언론이 정치하지 뭐하러 정당이 있나. 이것을 넘어설 수 있는 정치인이 필요하고 지금은 그런 정치인이 기대되는 시점이라고 본다."[49]

한국엔 트럼프와 같은 정치인이 없으니 다행이라고 안도해야 할까? 이 계산 저 계산 하고 이 눈치 저 눈치 보느라 바쁜 정치인들의 신중함 또는 기회주의에 박수를 보내야 할까? 그게 바로 박근혜를 대통령으로 만든 그들의 원죄라는 건 깨닫고 있을까? 한 가지 분명한 사실은 그들 역시 언젠간 '우리가 몰랐던 나라'라는 한탄을 할 가능성이 매우 크다는 사실이다.

자신의 소신을 갖고 할 말을 다 하라는 의미에서 트럼프 스타일

49 송채경화, 「"국회가 대통령을 탄핵하라"」, 『한겨레21』, 제1138호(2016년 11월 14일).

이 필요한 점도 있다는 것일 뿐, 트럼프 현상은 기존 정치가 제 기능을 전혀 하지 못한 '정치의 죽음'에서 태어난 것이다. 결코 환영하기 어려운 현상이며, 특히 트럼프의 농후한 '인종적 편견과 여성 혐오' 성향, 그리고 이와 관련된 '증오 상업주의'는 역겹기까지 하다. '트럼프 현상'을 미국에만 머무르게 하려면 '정치의 갱생'이 일어나야 하며, 그 전제 조건 가운데 하나는 엘리트 계급의 '탈脫가용성 편향'이라는 건 두말할 나위가 없다.

대통령의 가용성 편향을 악화시킨 청와대 구조

한국에선 대통령의 가용성 편향을 악화시키는 데엔 청와대의 집무·주거 구조도 일조했다. 앞서 김진도 그런 문제를 제기했지만, 사실 청와대는 오랫동안 논란이 되어왔다. 한마디로 너무 구중궁궐九重宮闕이 아니냐는, 그래서 국민과 멀어질 수밖에 없는 구조가 아니냐는 문제 제기였다. 2007년 '풍수 박사' 최창조는 "청와대 자리를 옮기면 좋겠다"고 제안했는데, 그 근거가 매우 과학적이었다.

"왜 여기만 들어오면 독선적이 되는지 짐작이 되더군요. 북악산은 동산처럼 조그마한 산인데, 청와대에서 보면 웅장하고 아름다워요. 또 서울 시내 고층 빌딩들 때문에 앞이 막힐 줄 알았는데 전혀 안 그렇더군요. 광화문 사거리만 나와도 북악산은 왜소하고 인왕산이 덩치가 좋은데 청와대에선 그렇지 않은 거죠. 환경심리학적으로 청와대에 있으면 세상에 어려움이 없는 것처럼 느껴지죠. 세상을 완전히 제압할 수 있다는 느낌이 드는 거죠."[50]

2012년 6월 『중앙일보』 기자 고정애가 다시 그런 문제 제기를 하고 나섰다. "성급한 일반화일 순 있겠다. 하지만 해외 정상회담을 거듭 취재하며 확립한 이론이다. 대통령이 머무는 공간과 민주주의는 대체로 반비례한다는 거다. 대통령이 국민에 비해 과도하게 공간을 차지하고 있다면 비민주적일 가능성이 크다는 뜻이다. 대통령과 참모 사이, 대통령과 국민 거주 공간 사이의 거리도 마찬가지다. 만일 대통령이 일하다 문득 창밖을 내다보았을 때 일반인 누군가를 볼 수 있다면 그 나라는 민주주의 선진국일 가능성이 크다."

아니다. 결코 성급한 일반화가 아니다. 어느 모로 보건 청와대는 문제가 있다. 무엇보다도 대중의 시야에서 완전히 차단되어 있기 때문이다. 건축가 승효상은 "워싱턴의 백악관과 런던의 다우닝가 등이 시민과 같은 눈높이에 그 건축 공간이 있는 까닭에 저들은 탄탄한 민주주의를 구가하고 있는지 모른다"며 "청와대란 공간 탓에 대통령의 사고도 행동도 권위적이 된다. 대통령이 말년에 비참한 건 그런 건물에서 5년을 살아서다"고 주장한다. 고정애는 승효상의 말을 거론하면서 청와대는 '후진국형 공간'에 가깝다는 진단을 내린다.

"장관이 대통령에게 보고를 마치고 수십 걸음을 뒷걸음쳐 물러나다 다리가 꼬여 넘어졌다는 게 YS 시절이다. 그로부터 10여 년이 지난 이명박 정부에서도 '모 수석이 심야에 사무실에서 머리를 식힐

○ --

50 이은영, 「워커힐 억센 기운에 낯선 최풍헌, '멍텅' 아니면 공장부지도 바꾸는 이건하 '풍수 박사' 침착조가 들려주는 재벌과 풍수」, 『신동아』, 2007년 7월, 255쪽.

겸 스포츠중계를 틀었다가 TV 소리가 대통령의 잠을 방해하는 것 아닐까 걱정해서 껐다더라'는 얘기가 나온다.……이제라도 청와대 공간을 바꾸자. 대통령과 참모, 국민 사이의 거리를 좁히자. 대통령 한두 명 보고 말 대한민국이 아니지 않은가. 다소나마 좋은 대통령이 되게 할 방법이라는데 시도해봐야 하지 않겠는가. 마침 비서동 두 곳이 재난위험시설 D등급이란다. 돈이 들어가게 되어 있다. 기왕 쓸 바엔 더 쓰자. 우린 불통의, 그래서 실패한 대통령을 너무 많이 봐왔다."[51]

고정애에 이어 『세계일보』 기자 백영철도 "무엇보다 관저와 사저가 국민의 삶과 너무 동떨어져 있는 것은 많은 문제를 야기한다. 비서들과 호흡하고 국민의 숨결을 수시로 느끼기에는 현재의 청와대 집무 공간이 너무 폐쇄적이고 고압적이다. 고립돼 있으니 고독한 역사와의 대화에 빠져들고, 그러다 보면 소통에 큰 장애가 생길 수밖에 없는 것이다"고 말한다.[52]

청와대에서 고위 참모를 지낸 한 인사는 "퇴임하고 사저私邸로 돌아가 옛날 쓰던 침대에 누워 첫날밤을 보낸 뒤에야 제 정신을 차리게 된다"고 말했다 한다.[53] 이런 문제는 역대 대통령들에게 똑같이 해당되는 것이지만, 박근혜는 가족도 없는 데다 '인간 혐오증' 성향마저 있어 최악의 경우가 아닌가 싶다.

○ --

51 고정애, 「청와대 공간을 다시 생각함」, 『중앙일보』, 2012년 6월 28일.
52 백영철, 「'청와대 터가 안 좋다?' 역대 대통령 모두…」, 『세계일보』, 2012년 7월 10일.
53 김진국, 「구중궁궐에 갇힌 대통령」, 『중앙일보』, 2012년 7월 27일.

박근혜 게이트는 당장 우리 발등에 떨어진 불로 국가적 위기를 초래했으니, 이 일을 어찌할 것인가. 힐러리와 그의 엘리트 지지자들처럼 자신들도 모르는 사이에 민심과 멀어진 것이 아니라 박근혜는 '1970년대의 청와대'에 유폐된 과거 중독자인 데다 그런 중독 증세를 악화시킬 일만 해왔고, 얼굴을 마주 대해야 할 참모들과 국민은 외면하면서 '최순실을 위하여'에만 온 정성과 노력을 다 했으니, 참으로 기가 막힐 노릇이다. 이제 제4장에서 박근혜는 어떻게 최순실 일가에 40년간 '포획'된 무기력자가 되었는지 그 전말을 살펴보기로 하자.

박근혜는

최순실 일가에 40년간

'포획'된 무기력자

'박근혜 게이트'를 둘러싸고 벌어진 '세뇌 논쟁'

"박근혜 대통령은 최태민, 최순실 일가 기획사가 키운 스타였던 것 같다. 보쌈하듯 둘러싸고 앉아 형제들과 인연 끊어놓고 우리 말만 들어라 세뇌하고, 사람 접촉 차단하고 그런 것 아니냐. 연예인 인터뷰 못하게 막는 기획사와 똑같다."[1]

"아버지 밑에 교육받았으면 대통령이 잘해야 하는데. 뭐에 세뇌 교육이 됐는지. 공주로 커서 뭐를 아나. 사람은 순수해도. 잘할 줄 알고 찍어줬는데. 옛날에 북한에 애들 '김일성, 김일성' 하면서 그런 거처럼 어릴 때부터 최태민, 최순실한테 완전 세뇌 교육이 된 거 아니가."[2]

---

1 「전여옥 "박근혜는 최태민 일가가 만든 스타"」, 『헤럴드경제』, 2016년 11월 3일.
2 김규민, 「"대통령이 왜 대구에서 태어난 거냐…왜 부끄러움은 대구 사람 몫인가요?'」, 『뉴스빈』, 2016년 11월 17일.

"하야와 조기 퇴진 선동이 확산되고 있다. 언론의 과도한 부풀리기와 마녀사냥이 대다수 국민들을 세뇌시키고 있다. 야당 및 반국가 종북좌파 세력의 정국 혼란과 조기 정권 탈취 책략도 상승 작용을 하고 있다."[3]

"검찰특별수사본부(본부장 이영렬)가 20일 박근혜 대통령에 대해 최순실, 안종범의 범죄 혐의에 상당 부분 공모한 혐의가 있다고 발표했다. 현직 대통령을 피의자로 단정했다. 헌정사상 초유의 일이다.……단순 관료나 시정잡배도 아닌 국가원수를 이렇게까지 서둘러 범죄 혐의자로 몰아세웠다. 야당과 선동 언론에 세뇌당한 국민을 의식한 과잉수사로 보인다."[4]

이렇듯 '박근혜 게이트'를 둘러싸고 '세뇌 논쟁'이 뜨겁다. '야당과 선동 언론에 세뇌당한 국민'이라는 주장도 있긴 하지만, 큰 흐름으로 봐선 '세뇌당한 박근혜'론이 압도적 우세를 보이고 있다. 왜 그런 주장이 나오게 되었는지 차분하게 그간 제기된 주요 평가나 주장을 차례대로 살펴보기로 하자.

1974년 8월 15일, 광복절 기념식장에서 재일교포 문세광에 의해 육영수 여사가 피살되는 사건이 발생했다. 당시 22세의 박근혜는 "방바닥을 긁으며 얼마나 서러워했는지 손톱이 다 닳을 지경이었다"고 회고했다. 1975년 2월, 최태민은 심적 혼란을 겪던 박근혜에게 3통의 편지를 보내 위로했는데, 그 편지에는 "육영수 여사가 나타

3 이의춘, 「박근혜 대통령 미르재단 설립 통치행위 문제없어」, 『미디어펜』, 2016년 11월 18일.
4 이의춘, 「검찰 박근혜 대통령 피의자 규정, 산업정책 부정하는 셈」, 『미디어펜』, 2016년 11월 20일.

나 근혜를 도와주라"며 현몽(죽은 사람이 꿈에 나타남)했던 육영수 여사가 자신에게 빙의되었다고 주장했다.

"어머니는 돌아가신 게 아니라 너의 시대를 열어주기 위해 길을 비켜주었다는 걸 네가 왜 모르느냐 너를 한국, 나아가 아시아의 지도자로 키우기 위해 자리만 옮겼을 뿐이다. 어머니의 목소리가 듣고 싶을 때 나를 통하면 항상 들을 수 있다. 내 딸이 우매해 아무것도 모르고 슬퍼만 한다"며 이런 뜻을 전해달라고 했다는 편지였다.(『김형욱 회고록』)

1975년 3월 16일, 박근혜는 '육영수 현몽' 이야기에 감동해 최태민을 청와대로 불러 대화했다. 이때 최태민은 어머니의 갑작스런 죽음으로 심리적 혼란에 빠진 박근혜 앞에서 육영수 여사의 영혼이 자신에게 빙의되었다며 그녀의 표정과 음성을 그대로 재연했다. 이것을 보고 놀란 박근혜가 기절하고 입신을 경험했다고 한다. 이후로 박근혜와 최태민의 관계는 밀착하게 되었다(후일 최태민은 박근혜와의 관계를 '영적인 부부'라고 설명했다).[5]

그간 이렇게 알려져왔는데, 11월 26일 방송된 SBS〈그것이 알고 싶다〉의 '악의 연대기-최태민 일가는 무엇을 꿈꿨나?' 편은 최태민과 박근혜의 인연은 육영수 여사로 거슬러 올라간다는 것을 밝혀냈다. 과거 최면술에 호기심을 가진 육영수 여사가 직접 시범을 보기 위해 부른 사람이 최태민이었으며, 최태민에 대한 박근혜의 믿음은

---

5 백상현, 「한국 교계 최초 '최태민 보고서' 살펴봤더니」, 『국민일보』, 2016년 11월 21일.

결국 어머니 육영수 여사에게서 나온 셈이라는 것이다.[6]

김재규 · 박근령 · 박지만도 실패한 '박근혜 구하기'

어찌되었건 이후 박근혜는 최태민이 설립해 총재를 맡은 정체불명의 단체인 '구국여성봉사단'에서 명예총재 자리를 맡았다. 청와대에는 최태민이 박근혜 이름을 팔아 기업들에 기부금을 걷고 정부 부처를 돌며 이권 개입을 한다는 진정이 잇따랐다. 1977년에는 박정희 전 대통령이 직접 딸 박근혜와 최태민, 최태민의 비리를 조사한 김재규 중앙정보부장 등을 한 자리에 불러 '친국'을 하기도 했다. 당시 수사 자료에는 최태민의 비리 혐의가 44건이나 적시되어 있었다. 목사를 자처했던 최태민은 애초 스님 출신에 결혼을 여섯 차례 하고 이름을 7개씩 돌려가며 사용하는 등 사기꾼에 사이비종교 교주라는 설이 파다했다.

그러나 '친국' 사건 당시 박 대통령은 아버지에게 울면서 최태민의 결백을 주장한 것으로 알려졌다. 최태민과 박 대통령은 이후 총재와 명예총재 자리만 서로 맞바꿨다. 최태민은 여전히 구국여성봉사단을 근거로 박근혜에게 영향을 미쳤다. 훗날 박정희를 암살한 김재규는 항소 이유 보충서에서 "구국여성봉사단이라는 단체가 얼마

---

6 「'그것이 알고 싶다' 최태민, 朴 대통령 최면으로 홀렸다? "육영수도 최면에 관심 많아"」, 『서울신문』, 2016년 11월 27일.

나 많은 부정을 저질러왔고 국민들의 원성이 되어왔는지 잘 알려져 있지 않다"며 최태민과 박근혜의 관계를 '10·26 혁명'의 계기로 꼽기도 했다.[7]

1990년에는 박 대통령의 친동생인 박지만 EG 회장과 박근령 씨가 노태우 대통령에게 탄원서를 보내 "누나(언니)가 최태민에게 속고 있으니 구해달라"고 호소하는 일도 있었다(당시 이 자료는 2007년 『오마이뉴스』가 입수해 보도했다). 박지만은 탄원서에서 "최태민이 아버님 재직 시 아버님의 눈을 속이고 누나(박근혜)의 비호 아래 치부했다는 소문이 있는데 아버님이 돌아가신 후 자신의 축재 행위가 폭로될까봐 누나를 방패막이로 삼고 있다"고 주장했다. 박근령은 "(최 목사는) 순수한 저희 언니에게 교묘히 접근해 언니를 격리시키고 고립시킨다"며 "이번 기회에 언니가 구출되지 못하면 언니와 저희들은 영원히 최씨의 손에서 벗어나지 못하고 그의 장난에 희생되고 말 것"이라고 주장했다. "(최 목사는) 경비원을 언니에게 붙여 우리 형제들과 완전히 차단시키고 있다. 이로 인해 우리 형제들은 서로가 지척에 있으면서도 만나지도 못하고 소식도 들을 수 없으며 전화 대화마저도 못하는 실정이다." 이어 박근령은 "우리의 소중한 언니를 잃고 싶지 않지만 저희들에게는 힘이 없다"며 "저희들에게 힘과 용기를 줄 수 있는 분은 오직 각하 내외분 뿐"이라고 호소했다.[8]

2007년 한나라당 대선 후보 검증 때 박근혜는 이명박 진영이 최

7 김형규, 「박지만, 박근령 1000년 "누나(언니)를 최태민에서 구해주세요" 노태우에 탄원서」, 『경향신문』, 2016년 10월 27일.

순실 아버지 최태민과의 관련 의혹을 제기하자, "실체가 없다. 천벌 받으려면 무슨 짓을 못하느냐"고 받아쳤다. 그 전이나 이후나 시종일관 박근혜에게 최태민에 대한 의혹 제기는 논의의 가치조차 없는 '천벌 받을 짓'이었다.

2012년 대선을 앞두고 출간된 책 『태자마마와 유신공주』에 따르면 작고한 사이비종교 연구가 탁명환(1937~1994)은 대전의 최태민 숙소를 찾았다. "숙소의 벽에는 색색의 둥근 원이 그려져 있었다. 그것을 똑바로 응시하면서 '나무자비조화불'이라는 주문을 계속 외우면 만병을 통치할 수 있고, 도통의 경지에 이른다는 주장이었다. 그게 그가 말하는 '영세계의 법칙'이었다." 이 책에 따르면 탁명환은 이런 말도 남겼다. "최태민에게 마술이든 일종의 최면술이든 그런 묘한 것이 있는 것 같다. 박근혜도 아마 거기서 헤어나지 못한 것 같다."[9]

'박근혜는 정신박약자?' 논쟁

2016년 10월 25일 박지원 국민의당 비상대책위원장은 당 비대위 회의에서 "미르재단과 K스포츠재단을 연결하면 '미륵'이라고 하는데,

---

8 김형규, 「박지만, 박근령 1990년 "누나(언니)를 최태민에서 구해주세요" 노태우에 탄원서」, 『경향신문』, 2016년 10월 27일; 박효진, 「박지만·근령 "누나(언니)를 최태민에서 구해주세요" 노태우에 탄원서 보내」, 『국민일보』, 2016년 10월 28일.
9 정용인, 「박근혜는 어떻게 최태민 일가에 40년간 '포획'되었나」, 『주간경향』, 제1200호(2016년 11월 8일).

그 미륵은 잘 아시다시피 최순실 씨의 선친 최태민 목사가 스스로를 이르던 말"이라며 "지금 상황은 박근혜 대통령이 최태민·최순실 두 사람의 사교邪敎(사이비종교)에 씌여 이런 일을 했다고밖에 볼 수 없다"고 주장했다.[10]

2016년 10월 26일 『채널A』는 '정윤회 문건 유출 사건'으로 구속 기소되었던 전 대통령공직기강비서관실 행정관 박관천 경정이 한 말을 보도했다. " '누나가 최순실(최서원으로 개명), 정윤회 이야기만 나오면 최면이 걸린다'고 박지만 EG 회장이 말하곤 했다."[11]

10월 27일 폭로전문 사이트인 『위키리크스』는 주한 미국 대사관이 지난 2007년 "(최순실 씨 부친) 최태민 씨가 과거 박근혜 (한나라당 대선 경선) 후보를 지배했으며, 최태민의 자녀들이 막대한 부를 축적했다는 소문이 파다하다"는 내용의 보고서를 본국에 보냈다고 폭로했다. 2007년 7월 16일 당시 윌리엄 스탠턴william Stanton 주한 미 부대사는 전문에서 "박근혜 후보는 35년 전 최태민 씨가 육영수 여사의 서거 후 퍼스트레이디로 있던 박근혜(후보)를 지배했다는 설을 비롯한 과거를 설명해야 하는 상황에 처해 있다"며 "박 후보의 반대 세력들은 최태민 씨를 '한국의 라스푸틴'이라고 부른다"고 했다. 라스푸틴은 황태자의 병을 기도로 고친다며 국정에 개입해 러시아 제국을 멸망으로 이끈 요승妖僧이다. 전문은 이어 "카리스마가 있는 고 최

10 김형규, 「박지만, 박근령 1990년 "누나(언니)를 최태민에서 구해주세요" 노태우에 탄원서」, 『경향신문』, 2016년 10월 27일.
11 신진우, 「박지만 "누나, 최순실─정윤회 얘기만 나오면 최면 걸려"」, 『동아닷컴』, 2016년 10월 27일.

태민 씨는 인격 형성기에 박근혜 후보의 심신body and soul을 완전히 지배했다had complete control. 그 결과 최태민의 자녀들이 막대한 부를 축적했다는 소문이 파다하다"고 했다. 전문에는 "박근혜 후보와 최태민 씨의 '특이한 관계unusual relationship'"라는 표현도 등장한다.[12]

10월 28일 최태민 동생의 둘째 아들인 최용석은 『고발뉴스』 인터뷰에서 "큰아버지(최태민)는 사람의 마음을 사로잡는 능력인 '최면술'에 능했다"면서 "초능력 같은 게 있으니 박 대통령과 그런 관계가 있는 것 아니겠나"라고 말했다. 그는 자신이 영남대학교 등에서 최태민과 일하면서 지켜본 결과 사람을 꿰뚫어보는 특이한 능력이 있는 것으로 보였다고 했다.[13]

10월 31일 하금철은 「박근혜는 정신박약자?」라는 칼럼에서 "사상 초유의 국정 파괴 사태를 직면하면서 우리는 '박근혜는 도대체 왜?'라는 질문을 마주하게 되었다. 이에 대해 '박근혜는 정신박약자', '최순실 일당의 포로'라는 식의 주장이 사람들 사이에 회자되고 있다"며 다음과 같이 말했다.

수십 년간 '퍼스트레이디'의 삶이 몸에 배어 있을 박근혜를 '포로'라고 부르며 '구출'해줘야 한다고 말하는 건 적절한 것인가? 이는 "국민들만큼이나 대통령도 피해자"라는 이원종 청와대 비서실장의 발언과 유사한

---

12 임민혁, 「주한 美 대사관, 2007년 본국에 보낸 보고서에 "최태민은 한국의 라스푸틴…朴 후보를 지배"」, 『조선일보』, 2016년 10월 28일.
13 「최순실 동생 "최태민, 사람 홀리는 최면술 능해"」, 『헤럴드경제』, 2016년 10월 28일.

주장이다. 혹여나 나중에 박근혜 대통령이 정말 탄핵되거나 하야했을 때, 이런 주장이 '박근혜 동정론'에 이용되지 말라는 법도 없다. 그렇다면, 우리는 박근혜 대통령의 상식적으로 납득하기 힘든 말하기 방식과 태도, 통치 스타일에서 어떤 결론을 이끌어내야 하는가. 우리의 심리학적 분석은 박근혜 개인이 아니라, 대한민국 지배계급 일반에게로 향해야 한다. 이 지점에서 우리는 전여옥의 어록을 다시 상기할 필요가 있다. 전여옥은 박근혜가 자기 참모들에게 자주 "내가 꼭 말로 해야 알아들어요?"라고 했다고 한다. 그리고 그녀는 이게 전형적인 비민주적 태도라고 일갈했다. 그런데 이게 꼭 박근혜만의 태도인가? 『박정희 평전』이라는 책을 통해 박정희의 일생을 심리학적으로 분석하기도 했던 정치학자 전인권은 예전에 다른 저작에서 이런 말을 한 적이 있다. "양반들은 커뮤니케이션을 좋아하지 않았으며 경멸하기까지 한다. 물건을 살 때도 '두서너 개만 주시오'라고 모호하게 말했다. 그렇게 말하는 것이 신분이 높은 사람의 태도였다. 그래서 아랫사람들은 눈치코치가 발달할 수밖에 없었다."(『남자의 탄생』 中)……박근혜 대통령은 일개 민간인에게 국민이 선거를 통해 위임해준 권력을 맘대로 넘겨주곤 국정을 파괴시켰고, 국민의 혈세를 탕진하고 온갖 비리를 양산케 한 주범이다. 그녀의 수준 낮은 언어 구사 능력 또한 정신이 박약한 사람이 누군가에 의해 농락당했기에 출현한 무엇이 아니라, 지배계급이 구사하는 비민주적 언어 구사의 (매우 특수한) 한 유형일 뿐이다. 이를 이유로 우리가 그녀를 패닉 상태(실제 그런지 아닌지도 알 수 없지만)로부터 구출해줘야 할 하등의 이유가 없는 것이다. 구출이 필요하고 그녀를 '정상적인 사회생활'로 복귀시키는 게 정녕 필요하다면, 그 재활의 실천 장소는 오직 감옥이다.[14]

최태민의 최면술에 의한 세뇌인가?

11월 2일 『파이낸셜타임스』는 「박근혜 대통령은 서울의 스벵갈리에 대해 확실히 밝혀야 한다」는 사설에서 "아무런 공식 지위도 없이 박 대통령의 개인사에서 일부 정신적인 역할만 한 사람이 국가수반에 대해 스벵갈리와 같은 장악력을 얻었다는 것이 (사람들의) 인식"이라고 했다. 스벵갈리는 나쁜 동기로 다른 사람의 정신을 조종하는 최면술사를 상징한다. 19세기 외국 소설 『트릴비』에서 스벵갈리는 음치 소녀 트릴비에게 최면을 걸어 최고의 디바로 만들어준다. 그러나 스벵갈리가 죽자 트릴비는 노래와 무대를 모두 잊어버린다.[15]

11월 8일 최태민 일가와 박근혜의 관계를 가장 먼저(2007년 6월 17일) 폭로했다가, 징역살이를 했던 김해호 목사는 『TV조선』 인터뷰에서 "최태민은 무당도 아니고 목사도 아닌 최면술사"라고 했다. 일본 순사 시절에 익힌 일종의 '최면술'로 사람을 홀렸다는 것이다.

11월 8일 초파리 유전학자 김우재는 박근혜의 세뇌 가능성을 제기했다. 그는 "한국은 북한을 상대하고 있으면서도, 기독교와 무속신앙이 급속도로 융합하며 다양한 컬트 집단을 창조해온 공간이다. 최태민은 그런 집단의 교주였다. 그리고 라이벌 문선명에 비하면, 최태민의 교세는 보잘것없었다. 영애를 만나기 전까지는"이라면서 다음과 같이 말했다.

---

14 하금철, 「박근혜는 정신박약자?」, 『허핑턴포스트코리아』, 2016년 10월 31일.
15 임영신, 「"최순실은 최면술사 스벵갈리…朴 대통령, 진실 밝혀야"」, 『매일경제』, 2016년 11월 3일.

"전우택의 논문 「신흥종교집단에 대한 정신의학적 이해」는 '귀속 이론'을 다룬다. 컬트 신도들은 혼자 해결할 수 없는 어려움을 겪은 후 컬트에 입문한다. 영애는 어머니를 잃고 최태민을 만났다. 컬트 집단은 바로 이런 신도에게 접근해 친절하게 유대감을 형성한다. 이 과정은 반복되며 신도가 회심 단계에 이를 때까지 지속된다. 최태민은 처음에는 자신이, 이후에는 딸들이 이 과정을 주도하게 했다. 이후 기존의 모든 사회적 관계를 끊어 신도를 고립시킨다. 영애는 자신의 친족을 버렸다. 마지막으로 종교적 신비체험이 이 모든 과정을 가속한다. 최태민은 영혼합일법이라는 최면술과 영애 어머니의 육성 모사에 능했다고 한다. 세뇌의 모든 조건이 거기에 있었다. 세뇌를 무력화하는 방법이 있다. 탈세뇌라 부르는 과정이다. 인간의 뇌는 가소성을 지닌 멋진 기관이기 때문이다. 우선 피세뇌자는 세뇌자의 공간에서 이탈해야 한다. 그리고 말초적인 정신 상태를 피하고, 이성적인 의식 상태를 유지해야 한다. 책을 읽고 글을 쓰는 것이 가장 좋다. 마지막으로 새로운 사람들을 자주 만나야 한다. 이런 과정들이 대통령에게 큰 도움이 될 것이다. 하지만 치료는 자리에서 내려와 받아야 한다. 환자가 국가를 통치할 수는 없기 때문이다."[16]

11월 14일 박근혜 대통령의 사촌 형부이기도 한 김종필JP 전 국무총리는 『시사저널』인터뷰에서 이렇게 말했다. "최태민이 제일 처음 왔을 때를 알고 있어. 최태민은 바지가 이만큼 올라가는 (JP는 바지

---

16 김우재, 「세뇌」, 『한겨레』, 2016년 11월 8일.

한쪽이 한 뼘 정도 찢겨 올라간 모양을 흉내내며) 거지같은 옷을 입고 나타났어. 최면술 했다는 얘기도 있었는데…. '근혜'는 그가 말하는 대로, 시키는 대로 (하면서) 무슨 짓을 하고 이끌어가는지 몰랐지. 극빈자 행색으로 처음 '근혜'를 만났는데 '근혜'는 연민의 정이 좀 생겼지. 그게 밀착한 원인이 되어가지고……." [17]

11월 16일 방송된 『TV조선』〈강적들〉에서는 『킹메이커』, 『싸드』, 『고구려』 등을 집필한 작가 김진명이 특별 게스트로 출연해 청와대와 박근혜 대통령을 둘러싼 의혹에 대해 분석했다. 이날 김진명은 "예전부터 최태민을 추적해왔다. 그래서 소설 『킹메이커』에 박근혜, 최태민 관계 폭로했다"며 "국정 농단을 보면 이것이 어제오늘 일이 아니고 이미 40년 전에 시작했다"고 말했다. 이어 그는 "박근혜 대통령은 최태민의 사기에 속아 최씨 일가에 의지하게 됐다"며 "이건 박 대통령의 정신과 육체를 빼앗은 것이다. 40년간 해온 도적질"이라고 비판했다. [18]

최태민 이야기만 꺼내면 이성을 잃는 박근혜

11월 18일 하금철은 "박근혜는 (노회찬 정의당 의원의 말대로) '죄의

17 박혁진, 「김종필 전 총리 인터뷰 "5천만이 시위해도 박 대통령 절대 안 물러날 것"」, 『시사저널』, 제1413호(2016년 11월 14일).
18 박정선, 「'강적들' 김진명 "국정농단, 40년 전부터 시작됐다…朴 대통령 정신·육체 뺏은 도적질"」, 『헤럴드경제』, 2016년 11월 17일.

식 없는 확신범'이다"며 일각에서 제기된 박근혜의 '정신적 미성숙'론을 재차 반박했다. "대체 어떤 발달장애인이 박근혜처럼 권력을 사적으로 휘둘러 국정을 농단하고, 국가기밀을 사인에게 유출하고, 사인의 이익을 위해 복종하지 않는다고 공무원을 겁박한 적이 있었던가? 지금까지 그런 사례를 들어본 적이 없고, 아마 전 세계를 뒤져도 그런 사례는 나오지 않을 것이다. 그럼에도 '박근혜는 발달장애'라고 말하는 것은 발달장애인은 '잠재적 범죄집단'이라 말하는 것에 다름 아니다."[19]

박근혜의 주변엔 박정희를 존경하고 박근혜를 아끼는 사람이 많았을 텐데 그들은 왜 박근혜에게 최태민 일가를 멀리 하라는 말을 하지 않았던 걸까? 김재규·박근령·박지만도 '박근혜 구하기'에 실패했다는 걸 알았기 때문이었을까? 게다가 그런 말을 하는 순간 박근혜의 눈에선 얼음처럼 싸늘한 분노의 기운이 감돌았기 때문이었을까?

사실 1970년대부터 그랬다. 김종필은 이렇게 말한다. "오죽하면 박정희 대통령이 정보부장 김재규에게 '그 최태민이란 놈 조사 좀 해봐. 뭐하는 놈인지' 그랬을까. 김재규가 '아버지가 조사를 지시한 것'이라고 했더니 '근혜'는 '맘대로 해보라'며 고함을 지르고 야단을 쳤어요. 아버지한테 찾아가서 울고불고 난리를 부렸지."[20]

---

19 하금철, 「'박근혜는 발달장애' 발언이 보여준 무지함: 박근혜는 '확신범'이지 '발달장애'가 아니다」, 『허핑턴포스트코리아』, 2016년 11월 18일.
20 박혁진, 「김종필 전 총리 인터뷰 "5천만이 시위해도 박 대통령 설대 안 불러날 것」, 『시사서늘』, 세 1413호(2016년 11월 14일).

제4장 • 박근혜는 최순실 일가에 40년간 '포획'된 무기력자 ● 175

박근혜의 최태민에 대한 집착은 그의 사망(1994년) 이후에도 달라지지 않았다. 2002년 4월, 최태민 관계 의혹을 따져 묻는 『월간조선』 기자의 질문에 대해 당시 국회의원이던 박근혜는 "저의가 뭐예요"라며 '격앙'된 반응을 보이면서 끝까지 최태민을 옹호했다.[21] 2007년 한나라당(현 새누리당) 대선 후보 경선 당시 이명박 후보 캠프에서 박근혜 후보의 검증을 지휘했던 정두언은 "박근혜와 최태민의 관계를 낱낱이 밝히면 온 국민이 경악할 것이고 박근혜 대통령 좋아하는 사람은 밥도 못 먹게 될 것"이라고 했으며, "박근혜는 최태민이 무슨 말만 하면 이성을 잃을 정도로 반응을 보였다"고 했다.[22]

이런 자세는 내내 달라지지 않았다. 2012년 12월 19일 밤 박근혜의 대통령 당선을 확인한 김용환은 박근혜에게 전화를 걸어 "지금부터 경호에 만전을 기해야 한다"며 기쁨과 감격을 표했다. 박정희의 특급 경제 참모였던 김용환은 한나라당 대통령 후보 경선 때부터 박근혜를 지원한 친박 원로 모임인 7인회의 좌장이었으니 얼마나 기뻤으랴.

김용환은 그렇게 들뜬 마음으로 얼마 후 박근혜를 만나기로 한 강남의 한 호텔에 2페이지짜리 건의서를 들고 갔다. 그가 "이제 최태민의 그림자를 지우셔야……"라고 말하는 순간 박근혜 눈빛이 싸늘하게 변했다. "그런 말씀 하시려고 저를 지지하셨나요?" 노신老臣

21 정용인, 「박근혜는 어떻게 최태민 일가에 40년간 '포획'되었나」, 『주간경향』, 제1200호(2016년 11월 8일); 조윤호, 『보수의 나라 대한민국: 박근혜로 한국 사회 읽기』(오월의봄, 2012), 246~247쪽.
22 이동현, 「정두언 전 의원, "최순실 게이트는 ○○○ 복수전"」, 『한국일보』, 2016년 10월 28일.

은 충언을 다 말해보지도 못하고 최후의 독대를 끝냈으며, 이후 다시는 박근혜를 만날 수 없었다. 올해 84세인 그는 울화병을 앓으면서 병환 중이라고 한다.[23]

"최태민, 최순실, 박근혜는 훗날 최고의 드라마 주제"

이상의 논의를 종합해보자면, 가능성은 있을망정 박근혜의 상태가 '세뇌'라고 단정하긴 어려울 것 같다. 「박근혜는 어떻게 최태민 일가에 40년간 '포획'되었나」라는 『주간경향』 기사 제목처럼,[24] '포획'이라는 단어를 쓰는 것이 무난할 것 같다. 물론 앞서 소개한 하금철의 주장에 따르면, '포획'이란 단어도 적절치 않을 수 있지만, 그의 주장에 수긍하면서도 '포획'된 면도 있다는 선에서 이 단어를 사용하는 건 어떨까 싶다.

그런데 최면과 세뇌는 어떻게 다른가? 김우재는 "세뇌는 최면과도 다르다. 최면은 습관 수준에서 일어난다. 세뇌의 도구로 최면적 기법이 사용될 수는 있지만, 최면 자체가 세뇌는 아니다. 한 인간의 사상 전체와 의식이 완전히 다른 방향으로 바뀌어 특정한 이념을 열렬히 따르게 될 때, 그 과정을 세뇌라고 부른다. 따라서 대부분의 세

23 문갑식, 「내 무덤에 말똥을 뿌려라」, 『조선일보』, 2016년 11월 19일.
24 정용인, 「박근혜는 어떻게 최태민 일가에 40년간 '포획'되었나」, 『주간경향』, 제1200호(2016년 11월 8일).

뇌는 정치/종교적 신념의 변화와 결부된다"며 다음과 같이 말한다.

세뇌는 학문적으로 논쟁적인 주제다. 세뇌의 정의가 모호하기 때문이다. 하지만 '과학적 회의주의자'들조차 세뇌라는 현상을 부정하지 않는다. '회의주의자 사전'의 세뇌 항목은 "불행하게도 세뇌가 항상 환상 속에서만 존재하는 것은 아니다"라고 끝맺고 있다. 세뇌란 분명 우리가 목도하는 현상이다. 캐슬린 테일러의 책 『세뇌: 사고 통제의 과학』은 최근 신경과학의 발견들을 종합해 이 흥미로운 현상을 파헤친다. 이들의 주장을 종합하면, 세뇌는 신흥종교집단으로 귀속되는 신도들의 심리 과정 속에서 가장 잘 이해될 수 있다. 놀랍게도, 세뇌는 동아시아에 훨씬 광범위하게 퍼져 있다. 세뇌의 어원 자체가 중국어다. 일본의 옴진리교 테러, 전후 한국에 난립했던 수천의 신흥종교집단, 그리고 북한이라는 컬트적 국가체제에 이르기까지, 세뇌는 20세기 동아시아 역사와 함께한다.[25]

많은 사람이 세뇌의 가능성을 포기할 수 없는 것은 도무지 믿을 수 없는 사실들이 꼬리에 꼬리를 물고 드러나고 있기 때문일 게다. 오죽하면 전 새누리당 의원 정두언은 이렇게 말했을까. "단재 신채호 선생이 묘청의 서경 천도 실패를 '조선 역사 일천 년 이래 일대 사건'이라고 했다. 제가 볼 때는 그게 제2대 사건으로 밀리는 것 같다.

최태민, 최순실, 박근혜 드라마는 앞으로 50년 후, 100년 후, 1000년 후, 2000년 후 계속 연속극 드라마의 주제가 될 것이다."[26]

사실 '세뇌洗腦'는 끔찍한 말이다. 뇌를 세탁하다니! brainwash는 중국에 들어선 공산당 정권이 시도한 세뇌洗腦를 영어로 옮긴 표현이며, 6·25전쟁 때에 본격적인 주목의 대상이 되었다. 미국인들은 북한에 억류된 미군 포로 가운데 21명이 자발적으로 본국 송환을 거부한 데에 큰 충격을 받았다. 세뇌가 이루어졌다고 본 것이다. 이에 미군 당국은 즉각 군인 행동강령에 포로가 되었을 때에 세뇌에 대처해야 할 책임 조항을 삽입시켰다. 그러나 심리학자 딕 앤서니Dick Anthony는 미군 포로들이 송환을 거부한 것은 '세뇌' 때문이 아니라 '공포에 의한 협조 심리' 때문이라며, CIA와 국방부가 1950년대부터 20여 년간 세뇌 기법을 연구하기 위한 비밀 프로젝트를 수행했다고 비난했다.[27]

세뇌에서 출발한 '신경과학'의 전성시대

하지만 '세뇌'와 '공포에 의한 협조 심리'를 구분하는 건 쉽지 않다. 일본에서 사교집단인 옴진리교를 탈퇴한 여성 신도는 "세뇌된 것이

○ -
26 이충형, 「정두언 "묘청의 난보다 심각한 사건"」, 「중앙일보」, 2016년 11월 21일.
27 William Safire, 「Safire's Political Dictionary」(New York: Random House, 1978), pp.76~77; 「Mind Control」, 「Wikipedia」.

아니라 제가 원해서 옴진리교에 들어간 것입니다"라고 말했는데,[28] 이는 세뇌와 같은 심리 조작은 조작하는 사람이 일방적으로 조작하거나 지배했기 때문에 일어나는 문제만은 아니며, 따라서 세뇌의 경계를 정하는 것이 쉽지 않다는 걸 시사해준다.

6·25전쟁 때 미군 포로들을 세뇌시킨 건 세뇌 경험이 풍부한 중공군이었는데, 이들이 쓴 방법의 핵심도 어떤 식으로든 포로들의 자발성을 이끌어내려는 것이었다. 중공군은 미군 포로들이 중공군의 논리를 조용히 듣거나 말로 시인하는 데서 멈추지 않고 항상 '친공산주의적인' 작문을 하게끔 했다. 포로들은 그 정도는 별로 해로울 것 없는 양보로 생각하고 따랐지만, 이는 뜻밖의 결과를 낳게 했다. 이에 대해 로버트 치알디니Robert Cialdini는 다음과 같이 말한다.

"중공군은 많은 전쟁 포로들이 자신의 생존 소식을 가족에게 전하고 싶어 한다는 사실을 알고 있었다. 반면에 포로들은 중공군이 모든 편지를 검열하고 나서 극소수의 편지만 밖으로 내보낸다는 사실을 알고 있었다. 따라서 일부 포로들은 검열을 통과하려고 일부러 편지에 평화를 호소하거나, 중공군의 호의적인 대우를 공개하거나, 공산주의에 대한 공감을 표현하기도 했다.……이와 유사한 방식으로 수용소에서 정치 백일장도 자주 실시했다. 상품은 담배 몇 개비, 과일 몇 개로 보잘것없었지만, 수용소에서는 워낙 귀한 물건이라 포로들의 관심이 무척 높았다. 보통은 친중국적 태도를 확실하게 표현

28 오카다 다카시(岡田尊司), 황선종 옮김, 『심리 조작의 비밀』(어크로스, 2016), 193~202, 257~291쪽.

한 글이 수상했지만, 항상 그런 것은 아니었다. 공산당 찬양문을 써야만 상을 받는다면, 대부분의 포로들이 백일장에 참가하지 않으리라는 사실을 중공군은 알고 있었다. 그러나 포로들의 마음속에 공산주의에 호의적인 입장 정립이라는 작은 씨앗을 뿌려두면, 씨앗이 점점 자라 꽃을 피우리라는 사실도 알고 있었다. 따라서 대체로 미국을 지지하면서도 한두 번가량 중국의 시각에 찬성하는 글에 상을 주었다. 이 전략은 정확히 중국이 원하는 효과를 발휘했다. 미군 포로들은 미국에 대해 호의적인 글로도 상을 받을 수 있다는 것을 알고 자발적으로 백일장에 참가했다. 그러나 수상 가능성을 높이려고 자신도 모르는 사이에 약간씩 공산주의에 유리한 내용을 포함하기 시작했다. 중공군은 포로들이 조금이라도 공산주의에 복종하는 기미만 보이면, 절대 그 기회를 놓치지 않고 일관성을 유지하도록 압박을 가했다. 중공군은 미군 포로의 자발적인 작문에 나타난 사소한 입장 표명을 발판 삼아 끈질기게 협력과 변절을 이끌어냈다."[29]

　　미국에서 공산주의 세뇌에 대한 공포는 1957년 비평가 밴스 패커드Vance Packard, 1914~1996가 출간한 『숨은 설득자들The Hidden Persuaders』이라는 책에 의해 증폭되었다. 6주간 비소설 분야 베스트셀러가 된 이 책에서 패커드는 당시 미국 광고에 사용되고 있던 동기조사motivational research를 폭로하고 프로이트에 기초한 미디어 조작 이론을 제시했다.

○ -

29 로버트 치알디니(Robort Cialdini), 황혜숙 옮김, 『설득의 심리학(개정5판)』(21세기북스, 2009/2013), 131~132쪽.

패커드는 영화나 텔레비전 화면의 순간적인 이미지는 그 간격이 너무 짧아서 관객들은 그 장면들을 분명히 인식하지 못하지만, 관객들에게 영향을 미칠 수 있다고 주장했다. 예컨대, 영화 관객들은 영화 속에 삽입된 아이스크림의 순간적 이미지를 보았다는 걸 인식하지 못했음에도 극장에서 아이스크림 판매는 급격하게 증가했다는 것이다. 패커드는 이런 광고를 잠재의식 광고subliminal advertising라고 불렀다.[30]

『숨은 설득자들』이 출간되고 5개월이 지난 시점에서 마케팅 전문가인 제임스 비커리James Vicary, 1915~1977는 기자회견을 열어 '보이지 않는 상업광고'의 성공을 알렸다. 뉴저지 포트리Fort Lee에 있는 한 극장에서 상영된 영화 〈피크닉〉에서 관객이 지각할 수 없는 속도인 3,000분의 1초의 간격으로 "배고프세요? 팝콘을 드세요"와 "코카콜라를 마셔요"라는 문구를 6주간 내보냈더니 이 극장의 팝콘과 코카콜라 매출액이 각각 18퍼센트, 58퍼센트까지 급증했다고 주장하고 나선 것이다.[31]

비커리의 이 실험은 대중의 분노를 촉발시켰을 뿐만 아니라 전문가들 사이의 열띤 논쟁을 불러일으켰지만, 그로부터 60년이 지난 오늘날 '신경과학'은 정통 학문으로서 위상을 누리면서 신경법학, 신

---

30 김은숙, 『소비문화 이데올로기 분석』(커뮤니케이션북스, 1998), 53쪽; W. Russell Neuman, 전석호 옮김, 『뉴미디어와 사회변동』(나남, 1995), 149쪽; 강준만, 「왜 '잠재의식 광고'를 둘러싼 논란이 뜨거운가?: 잠재의식」, 『생각의 문법: 세상을 꿰뚫는 50가지 이론 3』(인물과사상사, 2015), 339~348쪽 참고.
31 샐리 사텔(Sally Satel)·스콧 릴리언펠트(Scott O. Lilienfeld), 제효영 옮김, 『세뇌: 무모한 신경과학의 매력적인 유혹』(생각과사람들, 2013/2014), 93~94쪽.

경경제학, 신경철학, 신경마케팅, 신경재무학, 신경미학, 신경역사학, 신경문학, 신경음악학, 신경정치학, 신경신학, 신경건축학, 신경광고학, 신경언어학, 신경영상학 등 수많은 분과 학문을 낳는 전성시대를 누리고 있다.[32]

박근혜가 확인시킨 "나서지 말라. 나서면 너만 죽는다."

그런 변화가 시사하듯, 세뇌에 대한 인식도 바뀌었다. 안토니 프랫카니스Anthony R. Pratkanis와 엘리엇 애런슨Elliot Aronson은 사이비종교에 세뇌된 희생자는 텔레비전 드라마나 영화에서 최면술을 거는 지도자에 의해 이끌려가는 멍청이처럼 묘사된다며, 이러한 설명은 대단히 오해의 소지가 있다고 말한다.

"바보나 의지가 박약한 사람들만이 사이비종교 교주의 마수에 걸려들 수 있다는 의미인데, 이것은 잘못된 것이다. 사실은 누구나 사이비종교의 표적이 될 수 있는 것이다. 사이비종교의 포교 대상이 되는 사람들은 주로 살아오는 동안 어려운 시기를 겪은 경험이 있는 사람들(친지를 잃은 지 얼마 되지 않는 사람들, 다음에 무엇을 하기를 원하는지 확신을 못하는 시기에 있는 사람들, 혹은 외롭거나 방치된 상태의 사람들)이다. 그러나 연구에 의하면, 사이비종교에 빠지는 대부분의 사

○ --

32 셸리 사텔(Sally Satel)·스콧 릴리언펠드(Scott O. Lilienfeld), 제효영 옮김, 『세뇌: 무모한 신경과학의 매력적인 유혹』(생각과사람들, 2013/2014), 6~8쪽.

람들은 중산층이고 상당한 교육을 받았으며 가입하기 전에 심각한 문제가 없었다고 한다."[33]

실은 바로 그런 이유 때문에 세뇌의 상태에서 벗어나기가 쉽지 않다. 세뇌엔 세뇌를 당한 사람들의 능동성이 어느 정도 작용하고 있기 때문에 세뇌를 한 사람의 문제를 들춰내는 것만으론 세뇌가 풀리지 않는다는 이야기다. 이와 관련, 일본 정신의학자 오카다 다카시岡田尊司는 "심리 조작을 해제시키기 위해서는 심리 조작을 거는 사람의 잘못이나 죄를 밝혀내는 것만으로는 불충분하다"며 "심리 조작에 걸린 사람이 자신보다 강력한 존재에게 의존하고 싶어 하고 그렇게 하지 않으면 자신을 지탱해갈 수 없다는 생각을 바꾸지 않는 한 실패로 끝나고 만다. 결국 의존과 자립의 문제다"고 말한다.[34]

권력이 크고 많을수록 자립을 잘할 수 있을 것 같지만, 사실 권력의 크기는 의존의 정도와 비례한다. 권력 행사를 통해 남을 부려먹을 수 있으니 남에게 의존을 더 많이 할 게 아닌가 말이다. 박근혜가 '의존성 인격장애'는 아닐망정, 오카다 다카시가 지적한 '의존성 인격장애'의 다음과 같은 증상은 박근혜와 최순실의 관계에도 적용할 수 있을 것 같다.

"일단 의존하기 시작하면 그 사람이 없으면 안 된다는 생각에 사로잡힌다. 자신을 과소평가하고, 실제로는 능력과 매력이 뛰어나더

---

33 안토니 프랫카니스(Anthony R. Pratkanis)·엘리엇 애런슨(Elliot Aronson), 윤선길 외 옮김, 『프로파간다 시대의 설득 전략』(커뮤니케이션북스, 2001/2005), 323쪽.
34 오카다 다카시(岡田尊司), 황선종 옮김, 『심리 조작의 비밀』(어크로스, 2016), 193~202, 257~258쪽.

라도 혼자서는 살아나갈 수 없다고 믿게 된다. 강한 의지를 지닌 존재에게 기대지 않으면 안심이 되지 않는다. 게다가 중요한 결정을 스스로 내리지 못하며 의존하는 사람에게 맡겨버린다. 곤란한 일이 일어나면 바로 그 사람에게 달려가 상담을 하고, 그가 시키는 대로 행동한다. 의사 결정을 타인에게 맡기기 시작하면 사소한 일도 스스로 결정할 수 없게 되고, 모든 것을 상대방에게 의지하게 된다."[35]

하금철은 "박근혜 대통령이 정상적인 사회생활이 불가능한 상태"라는 주장에 대해 "솔직히 우리나라 지배계급 인사 중에서 서민들이 생각하는 '정상적인 사회생활'이 가능한 정서를 가진 사람이 몇이나 될까?"라고 묻는다.[36] 이 질문을 뒤집으면 "정상적인 정서를 갖지 않은 사람들의 지배하에서 살아가는 사람들 중에서 권력자의 권력 오남용에 대해 저항할 수 있는 사람이 얼마나 될까?"라는 질문도 가능할 것 같다. 권력의 보복이 워낙 졸렬하고 찌질하고 무자비하기 때문에 저항하기가 쉽지 않으며, 이는 이번 '박근혜 게이트'를 통해서도 적나라하게 드러났다. "나서지 말라. 나서면 너만 죽는다"는 슬로건으로 대변되는 이런 비극적인 문화와 풍토야말로 우리가 집단적 세뇌 상태에 빠져 있다는 걸 말해주는 게 아니고 무엇이랴.

바로 여기서 박근혜의 권력 중독이 문제가 된다. 제2장에서 보았듯이, 권력 중독에 관한 한 박근혜는 최순실과 한 몸이었다고 해도 과언이 아니다. 최순실의 권력은 박근혜에게서 비롯된 것이었고, 박

○ ---

35 오카다 다카시(岡田尊司), 황선종 옮김, 『심리 조작의 비밀』(어크로스, 2016), 80쪽.
36 하금철, 「박근혜는 정신박약자?」, 『허핑턴포스트코리아』, 2016년 10월 31일.

근혜는 좀더 뚜렷하게 관찰 가능한 권력 행사의 기쁨을 최순실의 꼭두각시 노릇을 하는 데에서 만끽할 수 있었다는 점에서 그렇다. 과연 앞으로 어찌할 것인가? 박근혜를 응징하는 것은 촛불집회에 참여한 수백만 시민이 원하는 세상의 시작일 뿐 끝은 아니지 않은가. 이제 '맺는말'을 통해 그런 이야기를 좀 해보자.

'박근혜법'과
'박근혜 기금'을 만들자

'박근혜를 위한 변명'

2016년 10월 6일 아침 『한겨레』를 읽다가 슬그머니 미소를 지었다. 내가 평소 애독하면서 많은 걸 배우고 깨닫기도 하는 '성한용 칼럼'의 제목은 「탄핵소추 직후 사퇴하는 수도 있다」였다. 구구절절 옳은 말씀에 공감하다가 마지막 대목에 가서 미소를 지은 건데, 그 대목은 다음과 같다.

"국회의 탄핵소추 이후 언제든지 박근혜 대통령이 사퇴를 선언하면 바로 그 순간 대통령직은 궐위 상태가 된다. 그때부터 60일 이내에 다음 대통령 선거를 치르면 된다. 박근혜 대통령도 헌법재판소의 탄핵 심판이 진행되는 동안 자신이 버티면 무슨 일이 벌어질 것인지 잘 알 것이다. 대한민국 대통령으로서 마지막으로 할 수 있는 진정한 애국이 무엇인지 생각해야 한다. 박근혜 대통령에게 그 정도 애국심은 남아 있다고 믿는다."[1]

비단 이 칼럼뿐만 아니라 많은 칼럼이나 기사에서 박근혜 게이트와 관련해 좋은 이야기를 하다가 마지막에 박근혜의 '애국심'에 기대를 건다는 식으로 끝내는 경우를 적잖이 볼 수 있다. 성한용도 그렇겠지만, 나는 그게 필자들의 진심은 아니라고 본다. 아무리 문제가 많은 대통령이라 하더라도 대통령에 대한 예우 차원에서 그리 말씀하셨으리라.

이젠 누구나 다 잘 알겠지만, 이른바 『대통령 용어사전』이란 게 필요할 정도로 박근혜의 화법이나 어법은 상식과 많이 동떨어져 있다. 예컨대, 어느 친박계 핵심 의원의 말처럼, "박 대통령의 『정치용어사전』에서 진실의 반대말은 배신이다." 이걸 알아야 박근혜가 2015년 11월 국무회의 석상에서 "배신의 정치를 심판해달라"거나 "진실한 사람들만 선택받게 해달라"고 말한 '대국민 담화' 내용을 제대로 이해할 수 있다.[2]

같은 이치로 박근혜의 『정치용어사전』에서 '애국'은 "자기 나라를 사랑함"이란 『국어사전』의 뜻과는 거리가 멀다. 아니 박근혜도 대한민국을 사랑하긴 하는데, 그 사랑을 압도하는 대전제가 있다. 본문에서 소개한 전여옥 어록을 다시 음미해보자면, "대한민국은 우리 아버지가 만든 '나의 나라My country'이었다. 이 나라 국민은 아버지가 긍휼히 여긴 '나의 국민My people'이었다. 물론 청와대는 '나의 집My house'이었다. 그리고 대통령은 바로 '가업', 즉 '마이 패밀리스

○ -

1 성한용, 「탄핵소추 직후 사퇴하는 수도 있다」, 『한겨레』, 2016년 12월 6일.
2 이훈범, 「『대통령 용어사전』의 오류」, 『중앙일보』, 2015년 11월 14일.

잡My family's job'이었다." [3]

즉, 박근혜의 애국은 박근혜 개인의 안녕과 분리할 수 없는 개념이다. 박근혜는 '대한민국과 결혼한 여자'인 데다 이혼을 상상조차 해본 적이 없는 인물이기 때문에, 박근혜에게 애국을 요청하는 것은 그 자리에 계속 머물러 달라는 요청과 다를 바 없다. 오히려 제발 애국심을 버려달라고 말해야 박근혜식 어법에 충실한 것이 될 수 있다. 성한용의 제언提言대로 박근혜가 탄핵소추 직후 사퇴한다면, 그건 '애국'이 아니라 '애국의 포기'에서 나온 결정임을 잊어선 안 된다.

나는 지금 조롱이나 비아냥을 하는 게 아니다. 진심으로 '박근혜를 위한 변명'을 하려는 것이다. 우리는 박근혜가 특수한 환경에서 자랐다는 걸 잘 알고 있고 그걸 늘 언급하긴 하지만, 그 특수성의 정도에 대해선 제대로 체감하지 못하는 것 같다. 우리는 100명 중에 1명이라도 다른 99명과 크게 다르면 특수하다고 말하지만, 박근혜의 성장 과정과 환경은 그런 1퍼센트 수준이 아니라 역사적으로도 전무후무前無後無한 0.000001퍼센트 정도의 특수성에 속하는 것임을 인정하고 들어가는 게 좋을 것 같다.

사실 박근혜가 일반적 의미의 '의전 대통령'이었다면 별 문제가 없었을지도 모른다. 영국의 국가 경영에 여왕보다는 총리의 역량이 중요하듯이, 좋은 인재들이 국가 경영을 했다면 무엇이 큰 문제이겠는가. 그러나 우리가 본문에서 보았듯이, 박근혜는 자신만의 '디폴

3 전여옥, 『전여옥: 전여옥의 '私, 생활'을 말하다』(현문, 2012), 118~119쪽.

트'를 갖고 권력을 잡았고, 그런 디폴트의 실현을 국정 운영의 최상위 개념으로 설정하면서 다른 주요 의제들을 이에 종속시켰으며, 그런 권력 행사의 과정에서 "무엇을 위한 국가인가?"라는 근본적인 의문을 촉발시킬 수준의 엄청난 과오들을 저지르고 말았다.

우리가 그런 비극의 조짐을 몰랐던 게 아니다. 아니 조짐이 아니라 비극이 발생할 것을 예고하는 사실도 많이 드러났다. 그런 관점에서 보자면, 정작 문제는 박근혜에게 있다기보다는 박근혜가 가진 '의전 자본'만으로 대통령이 되는 데에 아무런 문제가 없었던 이 나라의 정치 수준에 있는 것이고, 아무리 정치에 침을 뱉어도 그런 수준의 형성에 일조한 우리 모두에게 있는 게 아닐까?

진부하기도 하거니와 짜증을 유발할 수도 있는 "우리 모두 죄인이로소이다!"는 무한 연대 책임론을 주장하려는 게 아니다. '박근혜 이후'를 생각하겠다면, 그런 자세가 필요하다는 실용적 관점에서 하는 이야기다. '박근혜 이후'에 관해선 그간 많은 전문가가 의견을 제시해왔는데, 옳건 그르건 내용의 중요성에 비추어 내가 뽑은 '베스트 10'을 감상한 후에 다음 이야기로 들어가보자.

무엇을 어떻게 할 것인가? '베스트 10'

(1) 박근혜-최순실 사건에 대한 해결책이라고 할까 대응 방식은 이것이 단순히 한 정권의 헌법 위반이라든가 일탈적 통치체제라고 해석하기보다는 기존의 60~70년대로 시작되는, 반세기 이상 산업화에 성공하

고, 자본주의의 사회구조를 만들었던 박정희 패러다임의 파탄이라고 보는 것이다.……국가와 경제를 운영하는 방식이 얼마나 이 시대에 걸맞지 않은가 하는 점이 드라마틱하게 나타난 것이 이번 박근혜-최순실 사건이다. 이 점은 이 패러다임을 바꾸지 않으면 안 되는 이유이다.[4]

(2) 지금의 이 위기는 어느 날 갑자기 생긴 것이 아니라 한국이 대통령제를 시작한 이후 60여 년간 쌓이고 쌓인 역사적 바탕 위에 서 있는 것이다. 이승만 · 박정희 · 전두환 · 노태우 · 김영삼 · 김대중 · 노무현 · 이명박까지 정말 역대 대통령 단 한 사람도 예외 없이 임기 말년에 엉망이 됐다.……지금의 이 대통령제는 한마디로 '치매' 상태에 왔다. 시쳇말로 제도가 벽에 ×칠하는 상황이다. 이번의 이 위기도 그냥 흘러보내 낭비하고 현 제도를 계속 뒤집어쓰고 가면 다음 대통령 역시 비참한 신세가 될 것이라고 100% 장담한다. 한국 대통령제는 불행한 대통령 생산 공장이다. 알면서도 고치지 않으면 게으른 게 아니라 나쁜 것이다.[5]

(3) 우리가 직면한 위기의 본질은 대통령 개인의 실패, 대통령제 제도의 실패에 국한되지 않는다. 권력이 밀실에서 상식으로 도저히 이해할 수 없는 행태를 반복했음에도 이를 감지하지도 제어하지도 못한 우리 시스템 전반의 실패이다. 지금의 위기는 대통령제의 실패를 넘어 방대한 조직과 인원을 거느린 채 허수아비 노릇을 한 정부 조직과 절차의 실패이

4 송채경화, 「박정희 패러다임을 폐기하라」, 『한겨레21』, 제1138호(2016년 11월 16일).
5 양상훈, 「소중한 위기를 낭비하지 말자」, 『조선일보』, 2016년 11월 17일.

고, 그 정부를 감시하는 언론, NGO, 전문가 집단의 집단적 실패임을 우리는 인정해야 한다.[6]

(4) 이러한 대통령 무책임제가 계속 지탱되어올 수 있었던 것은 오랜 왕조적 정치 문화의 전통과 초법적 권위주의 체제의 유산으로밖에 설명될 수 없다. 그러나 대통령의 공공연한 헌법 위반을 어쩔 수 없는 관행으로 묵인해온 학계나 언론계의 책임도 지적하지 않을 수 없다. 대한민국 헌법은 국가의 중요한 정책이나 인사는 국무회의의 의결을 거쳐야 하며, 국무위원은 국무총리의 제청을 받아 대통령이 임명하도록 명시하고 있다. 국무총리의 국무위원제청권이 대통령의 권한에 대한 중요한 억제력을 내포한다고 볼 수 있다. 그러나 그동안 총리의 제청권은 대통령의 막강한 권한, 즉 권력에 의해 무시되었고 국민, 학계, 언론조차도 이러한 헌법 위반 관행에 집단적으로 침묵하는 과오를 범해왔다.[7]

(5) 무엇보다 권력을 분산해야 한다. 제왕적 대통령제를 개혁해야 한다. 국민의 뜻을 모아 정·부통령제의 4년 중임으로든 책임총리제로든 개헌 작업을 시작해야 한다. 정당의 공천 방식을 바꾸고 선거제도도 개선할 부분이 있는지 살펴봐야 한다. 재벌의 지배구조도 개선해야 한다. 권력에 대한 감시 기능을 높여야 한다. 권력이 하는 일을 건전한 언론과 시민단체들이 감시하고 국민에게 투명하게 알려야 한다. 대통령은 의

---

6 장훈, 「백만 개 촛불 앞에 선 한국 민주주의」, 『중앙일보』, 2016년 11월 18일.
7 이홍구, 「대통령 무책임제, 이대로 방치할 것인가」, 『중앙일보』, 2016년 11월 19일.

회 지도자, 출입기자, 전문가들과 자주 만나 소통해야 한다. 국회 청문회도 개선하고 활성화해야 한다. 검찰이 제 역할을 하도록 개혁해야 한다. 인사의 공정성 또한 높여야 한다. 지연·학연·사적私的 인연의 연고주의를 타파하고 공정하게 인재를 추천하고 검증하는 시스템을 만들어야 한다. 정부와 민간 부문 모두 정직하고 능력 있는 사람들을 선발해 책임 있는 자리에 임명해야 한다.[8]

(6) 지금의 상황은 우리에게 대통령제와 작별할 시간이 다가오고 있음을 일깨운다. 하야든 탄핵이든 대통령을 바꾸는 것도 중요하지만 한 사람에게 지나치게 집중된 권력을 분산시키는 개헌과 병행해야 한다는 목소리가 힘을 얻는 이유다. 불행한 사태의 근본적인 원인은 또 있다. 선거에서 이긴 개인이나 정당이 정부 운영권을 독점하는 '승자 독식' 제도다. 선거에서 진 정당은 정부 운영에 직접 참여할 수 없다. 이런 제도 아래에선 겨우 50% 정도의 국민을 대표하는 세력이 정부를 독점 운영하게 된다. 다양한 사회적 목소리가 정부 정책으로 이어지지 않고 사회적·정치적 갈등이 생길 수밖에 없는 구조다.[9]

(7) 최순실 사태가 벌여 놓은 이 처연한 현실 앞에서 솔직해질 필요가 있다. 대통령 한 사람만 몰아낸다고 될 일이 아니다. 국정 시스템에 참여하는 통치 엘리트들이 후진성을 버리지 않으면 절대 달라지지 않는

8 이종환, 「분노와 미움을 넘어」, 「중앙일보」, 2016년 11월 21일
9 채인택, 「국민이 맡긴 권력을 대통령이 독점해서야」, 「중앙일보」, 2016년 11월 24일.

다. 공직자·관료·정치인·교육자·언론인·기업인의 '고조선 의식'을 송두리째 고쳐야 한다. 각자 자기 위치에서 공공성公共性의 책무를 다하는 것이 선진국이다. 우리는 갈 길이 멀었다는 사실부터 겸허하게 인정하자. 그래야 나라 꼴이 엉망진창 된 이 난리통 속에서도 다음 갈 길이 보인다.[10]

(8) 더불어민주당 문재인 전 대표가 23일 한 강연에서 "이번 (최순실) 사태를 두고 제왕적 대통령제의 폐단이라는 분도 있는데 헌법에 무슨 죄가 있느냐"고 했다. 제도가 아니라 사람이 문제라는 논리로 개헌에 반대했다. 그러나 문 전 대표는 21일엔 "개헌이 필요하지만 다음 정권에서 해야 한다"고 했었다. 평소에도 개헌의 필요성을 언급한 게 한두 번이 아니었다. 최순실 사태로 정권을 잡을 가능성이 높아졌다고 보고 말을 바꾸는 것 같다.……개헌은 대선에서 누구에게 유리하지도 불리하지도 않다. 그럴 까닭이 없다. 그래도 문 전 대표가 끝까지 막아선다면 다음 정부에서 하는 수밖에 없다. 지금까지 여러 대통령이 개헌을 국민에게 공약한 뒤에 당선되면 말을 바꿨다. 이번엔 그럴 수 없도록 번복이 불가능한 수준의 약속과 합의를 만들어내야 한다. 이런 희생을 치르고도 기형적 대통령제의 폐해를 못 바꾼다면 나라에 미래가 없다.[11]

---

10 박정훈, 「모두가 대통령만 탓한다」, 『조선일보』, 2016년 11월 25일.
11 「[사설] 이 희생 치르고도 기형적 권력 구조 못 바꾸나」, 『조선일보』, 2016년 11월 25일.

(9) 진정으로 개헌을 하고 싶다면 탄핵 문제가 해결된 뒤 대선 혹은 총선 공약으로 구체적인 개헌 방안을 제시해야 한다. 단지 헌법을 바꾸자는 막연한 생각만으로 단일한 정치 세력으로 뭉치자는 것만큼 정치공학적인 접근도 없을 것이다. 개헌파인 남경필 경기지사도 "정치권 안에서 계속 권력을 누리고자 하는 마음이 담겨 있는 개헌 논의는 사상누각일 뿐"이라고 했다. 얕은수로 개헌을 추진하다가는 촛불 민심이 자신들을 향할 수 있음을 직시해야 한다.[12]

(10) 촛불이 꺼진 다음 어떤 세상을 만드느냐가 훨씬 중요하다. 생각은 각자 다를 수 있지만 그래도 공통적으로 바라는 것은 특권이 통하지 않는 세상, 열심히 노력하면 최소한 지금보다는 잘살 수 있는 세상, 부모 잘못 만나도 노력하면 언젠가 작은 꿈을 이룰 수 있는 세상, 빈부격차가 터무니없이 크지 않은 세상, 패자부활전이 가능한 세상, 언론이 제 역할을 다하는 세상, 검찰을 신뢰할 수 있는 그런 세상 아닐까.[13]

"근데 너무 길어서 희망이 없어. 싸워서 이길 수가 없어"

이상의 10가지 견해 또는 주장은 박근혜 이후 앞으로 우리 사회가 어찌할 것인지에 대한 처방 또는 대안이다. 다 좋은 말씀들이다. 현

----

12 「[사설] 이 판국에 개헌하자며 곁불 쬐려는 일부 세력이 얕은수」, 『경향신문』, 2016년 11월 28일.
13 배명복, 「박근혜가 남긴 업적」, 『중앙일보』, 2016년 12월 6일.

실적으론 직접적인 이해당사자들이 있어 '개헌'을 둘러싼 논쟁이 뜨겁긴 하지만, 대체적인 공감대는 "현 시스템 이대론 안 된다"는 근본적 개혁의 필요성에 모아지고 있는 것 같다.

그런 필요성에 공감하거니와 기존 시스템을 바꾸기 위한 노력에 적극적인 지지를 보내지만, 나는 비교적 좀 작은 이야기를 하고 싶다. 세월호 참사 때도 비슷한 이야기들이 나왔지만, 실천된 것은 전혀 없다. 늘 문제는 비전이나 목표보다는 실천의 구체적 방법론이 아닌가 하는 생각이 든다.

우리는 2년 전 정윤회 문건 폭로 당시 개혁을 할 수 있는 절호의 기회를 맞았지만 그걸 놓치고 말았다. 물론 그 실패는 박근혜의 적반하장賊反荷杖 공세 때문이었다는 이유를 들 수 있겠지만, 나는 우리를 가슴 아프게 만든 최경락 경위의 말에 그 답이 있다고 생각한다. 본문에서도 소개한 기사 내용을 다시 인용해보자면, 다음과 같다.

고 최 경위는 당시 14장의 유서를 남겨 '경찰의 명예를 지키고 싶었다'고 고백했다. 최 경위의 형은 "(동생이) 이 정부가 임기가 2년만 안 남았어도 끝까지 싸운다(고 했다)"며 "'근데 너무 길어서 희망이 없어. 싸워서 이길 수가 없어'라고 했다"고 전했다.……사건 관계자는 "최 경위가 지방(경찰)청 간부하고 통화를 해서 만났다고 했다"며 "'네가 안고 가라'는 거였다"고 말했다. 최 경위의 형은 최 경위의 죽음에 대해 "내 동생은 절대 자살이 아니에요. 타살이지"라고 말했다.[14]

그렇다. 바로 그거였다. 남은 기간이 너무 길었다! 정권 출범 당시부터 박근혜 정권에 내장되어 있던 '박근혜 게이트'에 대해 언론과 검찰이 그간 내내 모르쇠로 일관했던 것도 남은 기간이 너무 길었기 때문이다. 이제 와서 언론과 검찰이 '박근혜 게이트'를 열심히 파헤치는 것도 임기 말이었기 때문에 가능한 것이다. 언론과 검찰을 포함해 그 누구건 임기 초냐 임기 말이냐 하는 것에 관계없이 자신의 직무와 관련된 모든 걸 법대로 투명하게 할 수는 없는 걸까?

"자유로운 시민제보자들의 사회"를 만들자

그렇게 하기 위해 기존 국가운영 패러다임이나 대통령제를 바꿔야한다는 말도 옳겠지만, 나는 자꾸 실천의 구체적 방법론에 눈길이 간다. 이에 관한 이야기를 사회적협동조합 한국청렴연구소 소장 장진희의 「당신 곁의 최순실을 고발하라」는 칼럼에서부터 시작해보자. 그는 다음과 같이 호소한다.

"공직자 여러분, 당신이 목격한 최순실 비리를 고발하십시오. 명령복종의 의무에 따라 '이해할 수 없는 업무'를 수행할 수밖에 없었음을 고백하십시오. 당신의 상사가 내렸던 '이해할 수 없는 업무'를 제보하십시오. 지금도 내려지는 이상한 업무를 거부하십시오. 아니 거부하기 어렵다면 '태업'으로 저항하십시오. 그럼으로써 '국민에

---

14 「'그것이 알고 싶다' 故 최 경위 자살 이유… '정윤회 문건' 당시 "네가 안고 가라"」, 『서울신문』, 2016년 11월 19일.

게 봉사하기 위해 봉직해온 당신의 '자존심'을 지키십시오."

이어 그는 "지금 대한민국에서 벌어지는 사태는 숱한 물음표를 던지는데, 그중 하나가 '어떻게 비선 실세가 국가 시스템을 통째로 움직일 수 있었는가'이다. 한국의 행정관료 시스템이 그렇게 허술한가? 공직자 중에서 공범자와 단순 종범은 얼마나 될까? 내가 만난 성실하고 건강한 공직자는 무얼 했을까?"라는 질문을 던지면서 다음과 같이 말한다.

> 이런 의문 속에서 자신이 직접 장승호 씨를 돕기 위한 부당한 지시를 받았음을 폭로한 김재천 주호치민총영사관 영사의 고백은 내게 가뭄에 단비였다. "내 업무가 최씨 일가 특혜로 돌아간 것에 자괴감이 든다"는 그의 고백에서 희망을 보았다.……이제는 지난 4년간의 침묵을 깨뜨릴 때가 되지 않았나? "저라도 있는 사실을 말해야, 그래야 후회 없이 공무원 생활을 마감할 수 있다고 생각합니다"라는 김 영사의 고백이 대한민국의 선량한 공직자의 가슴에 용기를 주기를 희망한다.[15]

같은 맥락에서 서강대학교 현대정치연구소 연구원 서복경도 「제보자들의 사회」라는 칼럼에서 "이 정부가 5천만의 생계와 안전과 행복을 이렇게나 망쳐 놓기 이전에, 무수한 제보자들이 두려워하지 않고 말을 할 수 있었던 사회였다면 어땠을까?"라는 질문을 던지면서

---

15 장진희, 「당신 곁의 최순실을 고발하라」, 『한겨레』, 2016년 11월 22일.

다음과 같이 말한다.

"우리 사회의 무수한 제보자들이 두려움 없이 말할 권리를 보장받지 못한다면, 우리는 언제든 대통령 박근혜, 국회의원 박근혜, 검사 박근혜, 재벌 총수 박근혜를 만나게 될 것이다. 권력에 대한 가장 중요한 견제 장치는 자유로운 시민들의 '입'이다. 언론인, 공무원, 일반 시민들이 언제든 두려움 없이 권력의 비리에 대해 말할 수 있는 사회를 만들어야 한다. 정치인들이 지금 관심을 가져야 하는 건 행정부 수반을 수상으로 바꾸는 게 아니라, 자유로운 시민제보자들의 사회를 만드는 방법이다. 그것이 당신들을 또 다른 '박근혜'로 만들지 않는 길이다."[16]

우리는 공익제보자들을 어떻게 대해왔나?

나는 이 두 칼럼이 몹시 반가웠다. 내가 생각하는 '실천의 구체적 방법론'도 바로 그것이기 때문이다. 나는 한 걸음 더 들어가고 싶다. 어떻게 '자유로운 시민제보자들의 사회'를 만들 것인가? 이 물음에 답하기 위해선 우리가 그간 공익제보자(내부고발자)들을 어떻게 대해왔는지에 대한 성찰이 선행되어야 한다. 그간의 역사를 좀 살펴보자.

1990년 5월 감사원의 이문옥 감사관이 재벌 소유의 비업무용 부

16 서복경, 「제보자들의 사회」, 『한겨레』, 2016년 12월 1일.

동산에 대한 감사보고의 내용을 신문을 통해 밝혔다고 해서 업무상 비밀 누설혐의로 검찰에 구속된 사건이 발생했다. 이 감사관의 구속 근거가 된 형법 제127조는 "공무원 또는 공무원이었던 자가 법령에 의한 직무상 비밀을 누설한 때에는 2년 이하의 징역이나 또는 5년 이하의 자격 정지에 처한다"고 규정하고 있다.

이 감사관은 6년여에 걸친 법정투쟁 끝에 1996년 5월 10일 대법원에서 무죄 확정판결을 받았다. 대법원 형사2부(주심 이용훈 대법관)는 판결문에서 "형법 127조에서 공무원 또는 공무원이었던 자가 누설할 수 없도록 한 직무상 비밀은 법령에 의해 비밀로 규정됐거나 비밀로 명시되지 않았다 하더라도 정치·군사·외교·경제·사회적 필요에 따라 비밀로 된 사항 등을 포함하는 것이나 이 조항에서 말하는 비밀이란 실질적으로 비밀로서 보호할 가치가 있다고 인정할 수 있는 것이어야 한다"며 "이 사건의 감사보고서 내용은 공무상 비밀에 해당한다고 할 수 없다고 판단한 원심 판단은 정당하다"고 밝혔다.[17]

이문옥 감사관은 1996년 10월 11일 파면 취소 판결을 받아 복직했다가 1999년 12월 31일 정년퇴직했다. 그는 퇴임 시 정부가 장기 근속공무원에게 수여하는 녹조근정훈장 수상을 거부했다. 그 이유는 간단했다. "정부가 부패방지법을 제정하지 않는 한 훈장을 받을 수 없습니다."

---

17 최영선, 「이문옥 씨 무죄 확정판결」, 「한겨레」, 1996년 5월 11일, 23면.

1994년 참여연대 등에 의해 '내부고발자보호법안'이 입법 청원 되었으나 통과에 실패하고 대신 2002년 부패방지법에 내부고발자 보호 규정이 일부 포함되었다. 그러나 부패방지법은 내부고발자가 보호받을 수 있는 부패 행위를 공직자의 부패 행위, 공공기관에 재산상 손해를 가한 행위로 한정하고 있다. 공공기관이 내부고발자에 게 보복성 징계를 한 경우 원상회복을 명령할 수 있지만, 민간기업의 내부고발자는 보호의 사각지대에 놓여 있는 것이다. 이와 관련해 2007년 8월에는 내부고발자가 비공직자여도 보호받을 수 있도록 부 패방지법이 개정되었다. 민간기업과 민간단체 소속 내부 공익 신고 자도 공직자처럼 부패 행위 신고를 이유로 신분상 불이익을 받았을 때 국가청렴위원회가 원상회복 등 적절한 조치를 요구할 수 있도록 바뀐 것이다.

그러나 참여연대 맑은사회만들기본부 이재근 팀장은 "국민들이 청렴위의 내부고발자 보호를 별로 신뢰하지 않기 때문에 이번 법안 개정만으로 민간기업에서 내부고발이 활성화될 것 같지는 않다"며 "특히 삼성은 퇴직 후에도 임원들을 일정 기간 (돈으로) 관리하기 때문에 내부고발자가 나오기 힘든 구조"라고 말했다.[18]

2011년 공익신고자보호법이 제정되면서 한국의 내부고발자 보호·보상 제도는 민간 부문은 공익신고자보호법으로, 공공 부문은 부패방지·국민권익위원회의 설치와 운영에 관한 법률(2002년)에

○ ---

18 조계완, 「내부고발자들의 외롭고 긴 싸움」, 『한겨레21』, 제683호(2007년 11월 1일).

포함된 보호로 양분되었다. 현행 공익신고자보호법은 180개 법률 위반 행위를 신고한 경우만 신고자를 보호하도록 하고 있는데, 여기에는 공익제보의 상당 부분을 차지하는 형법상 배임이나 횡령, 사립학교법 위반 등이 빠져 있어 문제가 크다. 예를 들어 매출금을 비자금으로 전용한 것이나 정원을 초과해 얻은 이익을 횡령한 것과 같은 범죄를 신고하더라도 현행 공익신고자보호법에 따르면 신고자는 보호를 받지 못한다.[19]

우리는 정녕 '부패와의 전쟁'을 할 뜻이 있는가?

2013년 3월 18일 서울대학교 행정대학원에서 열린 정책·지식 포럼에선 내부고발자보호법이 제정된 지 10년이 지났지만 현행 신고자 보호 제도는 국민권익위원회의 독립성 부재 등으로 사전 예방적인 실질적 보호 장치가 미흡하며 공공 부문에 대한 내부고발자보호제도가 공익신고자보호법처럼 개별법으로 제정되어 있지 않아 부정부패를 척결한다는 입법 취지를 살리기 어렵다는 비판이 제기되었다.

'계룡대 군납비리'를 내부고발했던 김영수 권익위 국방보훈민원과 조사관은 권익위의 조사권 부재로 증거 제출 책임이 신고자에게

19 이상희, 「세월호 참사 두 달, 릴레이 기고-이것만은 바꾸자」 (4) 공익제보자 제대로 보호해야 '공익 사회' 된다」, 『경향신문』, 2014년 6월 20일.

있는 부패방지법이 가장 불합리하다고 목소리를 높였다. 부패방지·국민권익위원회의 설치와 운영에 관한 법률은 부패 행위를 신고하고자 하는 자는 신고 대상과 부패 행위의 증거 등을 함께 제시해야 한다고 명시하고 있다. 또 진위 여부가 필요할 시 권익위는 자료제출을 피고발인이 아닌 고발인에게 요구하고 있는 실정이다. 김 조사관은 "권익위는 부패 사건에 대한 조사권이 없고 심사권만 있다. 고발자가 완벽한 증거를 내놓아야 신고를 받을 수 있는 구조"라고 한탄했다.

박흥식 중앙대학교 공공인재학부 교수도 "부패방지법에서 신고기관으로 하고 있으나 권익위에 별도의 신고 건에 대한 조사권을 주고 있지 않고 기본적인 조사 이후 이첩하도록 돼 있다"며 "권익위가 조사권을 가져야 하며 접수된 비리 내용을 확인할 수 있도록 제한적인 계좌추적권과 비리가 발생한 국가기관에 대한 문서 제출을 요구할 수 있어야 한다는 주장에 대해 보다 전향적인 논의가 필요하다"고 역설했다.

박 교수는 발전적 대안으로 익명의 공익 신고가 가능해야 한다고 제안했다. 그는 "신고자의 신분이 드러날 경우 피신고자와 조직 구성원에 의한 보복 행위가 반드시 뒤따르게 된다"며 "공익신고자보호법은 무분별한 신고를 막기 위해 익명의 공익 신고를 허용하고 있지 않지만 공익 신고 시 반드시 그에 대한 증거를 함께 제출해야 하기 때문에 이로써도 충분히 무분별한 신고는 막을 수 있다"고 주장했다. 이 밖에 중장기적으로는 부정행위로 정부가 입은 손해에 대해 벌금을 부과하는 징벌적 배상제도의 도입과 부패방지법과 공익신고

자보호법의 일원화가 필요하다는 의견도 제기되었다.[20]

2015년 7월 6일 공익신고자보호법 개정안을 국회가 통과시켰다. 이에 『경향신문』은 "국민권익위원회가 하는 내부고발자 보호 조치 결정의 실효성을 높이기 위해 이행강제 제도를 도입하고 행정소송 중에도 효력을 유지하도록 했다. 내부고발 인정 범위도 지금보다는 좀더 넓혔다. 다행이다" 면서도 다음과 같이 말했다.

"그러나 신분 노출이 가장 두려운 일인 만큼 변호사를 통해 내부고발을 대신하는 경우나 언론사에 먼저 내부고발한 경우도 보호 대상으로 하자는 것은 반영되지 못했다. 다음 국회를 기대한다. 내부고발자 보호 제도만 잘 갖춰도 정부가 목소리 높이는 '부패와의 전쟁'도 이길 수 있고, 세월호 참사 같은 대형 재난도 막을 수 있다. 정치적 반대 그룹 부패 혐의 조사에 검찰을 동원하느라 힘쓰는 것보다, 국민안전처 같은 이상한 조직을 만드는 것보다 더 중요하다."[21]

'불감사회: 9인의 공익제보자가 겪은 사회적 스트레스'

부실한 법이나마 법원이라도 제 정신 차려주면 좋으려면, 현실은 전혀 그렇지 못하다. 1996년 내부고발로 감사원에서 파면된 현준희의

○ --

20 김지은, 「'내부고발자 보호법 10년' 서울대 포럼 "고발자 실질 보호장치 미흡"」, 『뉴시스』, 2013년 3월 18일.
21 박근용, 「내부고발, 하시겠습니까?」, 『경향신문』, 2015년 7월 10일.

내부고발이 좋은 사례다. 그는 2008년 11월에야 마침내 대법원에서 무죄 확정판결을 받아냈다. 재판부(주심 전수안 대법관)는 "현씨의 양심선언은 헌법상 독립적·중립적 기관인 감사원의 기능을 공정하게 수행하도록 촉구하고, 공공 이익을 위한 것으로 보기에 충분하다"며, 현씨에게 무죄를 선고한 원심을 확정했다.

그러나 12년 세월 동안 현준희는 가난과 고통 속에서 신음해야만 했다. 현씨는 "감사원보다 대법원이 더 밉다"고 했다. 그는 1996년 1심, 2000년 2심에서는 명예훼손 혐의에 대해 무죄를 선고받았다. 그런데 2002년 대법원(당시 주심 이규홍 대법관)이 하급심 결과를 뒤집어 유죄 취지로 파기환송을 했다. 그러나 2006년 파기환송심은 극히 이례적으로 대법원 판결을 깨고 다시 무죄를 선고했다. 그만큼 당시 대법원의 판단은 잘못되었다고 현씨는 말한다. 현씨는 40대 초반 싸움을 시작할 때만 해도 "이런 '간단한' 사건이 12년을 끌지 몰랐다"고 했다. 그래서 "이겼다고 좋아해야 하는데, 누구 하나 책임지고 사과하는 사람이 없다는 것에 화가 난다"고 말했다.[22]

이게 바로 한국 내부고발 문화의 현실이다. 한 공무원은 "그 조직 안에서 누가 어떻게 돈 받아먹는지 다 안다. 내부고발자보호법이라도 제대로 만들어져 시행된다면 비리의 90%는 차단할 수 있을 것이다"라고 말한다.[23] 생각하면 생각할수록 참 희한한 일이다. 정부와

○ --
22 김남일, 「"당연한 판결, 12년 끌 줄이야"/감사원 내부고발 현준희 씨 명예훼손 무죄 확정/대법원 파기로 6년 허송…"책임지는 사람 없이"」, 『한겨레』, 2008년 11월 15일.
23 김종구, 「공무원들이 용기를 얻는 일」, 『한겨레21』, 1999년 7월 15일, 9면.

정치권은 기회가 있을 때마다 부정부패 척결을 외치면서도 부정부패 척결에 가장 효율적이라는 내부고발을 적극 보호하지 않는 것일까?

그건 아마도 입으로는 뭐라고 떠들건 부정부패의 존속을 원하는 세력이 이 나라의 상층부에 그렇지 않은 세력보다 많기 때문일 것이다. 게다가 조직 내의 의리를 중시하는 문화적 저항도 만만치 않다. 이에 대해 이문옥 전 감사관이 남긴 명언이 하나 있다. "도둑놈끼리 지키는 의리가 무슨 의리입니까?"[24]

지금 우리 사회엔 "나는 불의를 고발했다. 그러나 정작 싸움의 상대는 불감사회였다"는 절규가 외쳐지고 있다. 참여연대 공익제보 지원단이 기획하고 이 지원단의 실행위원 신광식이 지은 『불감사회: 9인의 공익제보자가 겪은 사회적 스트레스』(2006)라는 책은 읽기에 고통스럽다. 공익제보자들이 겪은 고통이 가슴 아파 고통스러운 점도 있지만, 더욱 고통스러운 건 대다수 선량한 사람이 그 공익제보자들이 겪은 고통의 가해자일 수 있다는, 아니 가해자라는 사실 때문이다.

'추천의 글'을 쓴 공익제보단당 김창준이 지적한 "한국 사회 특유의 이중 잣대와 위선, 조직문화의 폭력성, 저급한 의리 의식, 절대 권력에 굴종하는 비열한 인간군상 등 한국 사회의 모순"에서 자유로운 사람이 과연 얼마나 있을까?[25] 평소엔 모든 사람이 그 모순을 키우는

---

24 윤정은, 「녹조근정훈장 수상 거부한 이문옥 전 감사관: "도둑놈끼리 지키는 의리가 무슨 의리입니까」, 『참여사회』, 2000년 2월, 82쪽.
25 김창준, 「추천의 글: 공익제보자의 눈으로 본 한국 사회의 속살」, 신광식, 『불감사회: 9인의 공익제보자가 겪은 사회적 스트레스』(참여사회, 2006), 8쪽.

데에 직·간접적으로 일조해놓고 막상 자신이 피해자가 되거나 불이익을 당할 경우에 한해서 울분을 터뜨리며 이 사회에 정의가 있느냐고 묻는 일은 그 얼마나 흔한가.

김창준은 "공익제보자들은 우리 공동체의 커다란 명분을 위하여 정당한 행위를 하고 있다고 믿었는데 우리는 좀더 작은 이익집단의 이해관계에 반한다는 이유로 이들에게 사실상 집단적으로 가혹 행위를 하였다"고 개탄했다.[26] 그런데 왜 우리는 평소엔 이 사회의 부정부패를 개탄하는가? 나와 내 조직의 부정부패는 '사람 사는 인정'이지만 너와 네 조직의 부정부패는 척결되어야 할 악惡으로 보기 때문은 아닌가? 신광식의 다음과 같은 결론이 가슴 아프게 다가온다.

"한국 사회에서 제보자들의 가혹한 경험을 고려할 때 공익제보는 장려될 수 있는 방법이 아닐 수 있다. 이들에게 희생을 감수하고 공동체를 위하여 결행하도록 장려할 만큼 공동체의 신의와 도덕성은 아직 충분히 축적되지 못했다.……바람은 공익제보의 방법이 좀더 조심스럽게 자신의 보호를 염두에 두는 방향으로 문화적 형성을 해나가는 것이다."[27]

---

26 김창준, 「추천의 글: 공익제보자의 눈으로 본 한국 사회의 속살」, 신광식, 『불감사회: 9인의 공익제보자가 겪는 사회적 스트레스』(참여사회, 2006), 9쪽.
27 신광식, 『불감사회: 9인의 공익제보자가 겪은 사회적 스트레스』(참여사회, 2006), 250쪽.

"'고발'은 짧고 '고통'은 길다"

2011년 7월 5일 『위키리크스』의 전 대변인 대니얼 돔샤이트베르크 Daniel Domscheit-Berg가 참여연대와 전국공무원노조, 정보공개센터 등이 결성한 반부패네트워크가 '부패방지법 제정 10주년'을 기념해 마련한 반부패 국제 심포지엄에 초청을 받아 방한했다. 돔샤이트베르크는 『위키리크스』보다 투명하고 민주적이고 탈권위적인 사이트를 표방한 '오픈리크스openleaks.org'를 설립했는데, 오픈리크스는 멤버들 사이에 의견이 일치하지 않을 경우 가위바위보로 의사를 결정한다고 할 만큼 탈권위적인 조직을 지향했다. 그는 『시사IN』과의 인터뷰에서 "한국에는 '공익제보자'라고 하더라도 사람들이 그를 배신자로 간주하는 문화가 있다. 그래서 공익제보자들이 나서지 못하는 경우도 많다"는 질문에 대해 다음과 같이 답했다.

"첫 번째 관건은 익명성이다. 공익제보자는 법적으로나, 사생활을 포함한 모든 면에서 익명을 보장해주어야 한다. 두 번째 관건은 '공익제보자whistle blower'라는 개념이 제대로 이해되지 않고 있다는 점이다. 그루지야를 예로 들어보자. 그루지야는 부패가 만연했다. 공익제보자를 '쥐', '밀고자', '배신자'라고 부르곤 했다. 그러자 국제투명성기구에서 기자 6명과 NGO 활동가 3명, 언어학자 3명을 저녁 식사에 초청해 공익제보자에 적합한 현지 명칭을 찾는 작업을 벌였다. 회의 끝에 현지어로 '빛을 가져오는 사람light bringer'이라는 단어가 채택되었다. 미디어를 통해 이 단어의 뜻을 알리는 대대적 캠페인을 벌였고, 6개월~1년 뒤에는 모든 사람이 이 개념을 긍정적으로 이해하게 되었다. 장기적 관점에서는 사회가 그들(공익제보자)을 보호하기 위한 제도를 만들어야 한다. 시민단체에 찾아가 제보를 하기 어려울 경우 언론을 찾아가야 하는데, 어떤 기자를 믿을 수 있는지 알기 힘들다. '오픈리크스'는 제보자와 적절한 언론인을 연결해주는 시스템을 가지고 있다."[28]

내부고발자는 '빛을 가져오는 사람'이건만 그들이 겪어야 할 고난의 길은 험하기만 하다. 박흥식·이지문·이재일이 2014년에 출간한 『내부고발자 그 의로운 도전』은 내부고발자가 겪게 되는 시련은 생각보다 훨씬 더 가혹하다고 말한다.

"처음에는 옳고 그름의 다툼 정도로 시작되나, 차츰 권력과 인간관계의 문제로, 이어서 개인에 대한 참기 어려운 모욕으로, 나중에는 인간의 존재 의미마저 부정당하는 단계로 이어지기도 한다. 다툼은 곧 모든 것을 거는 싸움이 되고, 물러설 수 없는 싸움으로 발전한다. 그리고 이런 게임은 룰이 없는 이전투구의 모습을 보인다. 그런데 상대는 조직과 권력이 있는 다수이고, 내부고발자는 아무것도 가진 것 없는 단기필마이다."[29]

내부고발자에 대한 여론의 환호와 지지가 있지 않느냐고? 그러나 그런 환호와 지지는 그렇게 오래 가지 않으며 기대만큼 큰 힘도 되지 못한다. 이 책은 그런 '사회적 지지의 환상'에 대해 "진정한 용

28 주진우, 「정보공개 방식, 위키리크스 vs 오픈리크스」, 『시사IN』, 제200호(2011년 7월 19일).
29 박흥식·이지문·이재일, 『내부고발지 그 의로운 도전: 성취, 시련 그리고 보호의 길』(한울아카데미, 2014), 89~90쪽.

맺는말 • '박근혜법'과 '박근혜 기금'을 만들자 • 209

기라고 칭송하다가도 곧 식는다. 대부분 안타까워하거나 자책하는 정도이며, 그마저도 잠깐인 경우가 많다"며 다음과 같이 말한다.

"많은 보통 사람들은 불의나 도덕, 옳고 그름을 돌아보기에는 자신의 일이 너무 많고, 다른 것을 챙길 경황이 없다. 내부고발자의 용기 있는 행동에 대해 사회는 생각처럼 그렇게 고마워하거나 기억해주지 않을지도 모른다. 조직이 잘못했다는 것을 알면서도 자신의 작은 이익 때문에 곧 조직을 두둔하고 나서는 이들도 어렵지 않게 볼 수 있다. 상식이 통한다고 하지만 실상은 그렇지 않고, 어쩌면 세상 사람들은 '바른 말을 하면 다친다'는 생각을 더 믿을지도 모른다."[30]

KT의 공익신고자였던 이해관 통신공공성시민포럼 대표는 『슬로우뉴스』와의 인터뷰에서 "'고발'은 짧고 '고통'은 길다"고 했다. 이명박 정부 때 벌어진 민간인 불법사찰을 폭로했던, 당시 국무총리실 윤리지원관실에서 재직하던 장진수 전 주무관은 그 내부고발로 인해 징역 8월 집행유예 2년형을 선고받고 공무원에서 파면되었다. 그는 "'고발'은 짧고 '고통'은 길다"는 말에 대해 다음과 같이 말했다.

"평생의 직장에서 쫓겨나게 됐다. 대부분의 공익신고자가 이렇게 된다. 부당해고 재판 끝에 복직하는 경우도 있지만 징계를 내리거나 왕따를 시켜 못 버틴다. 생계가 어려워진다. 직장이 끊긴다는 건 인맥이 다 끊긴다는 의미이기도 하다. 시간이 흐르면 사회적 관심까지 줄어든다. 그즈음이 되면 대단히 힘들다. 그래서 고통이 길

○ --

30 박흥식·이지문·이재일, 『내부고발자 그 의로운 도전: 성취, 시련 그리고 보호의 길』(한울아카데미, 2014), 92~93쪽.

다고 표현한 것 같다. 고통이 길지 않은 세상이 됐으면 한다."[31]

'의도적 눈감기'와 '사회적 지지의 환상'을 넘어서

사회정의는 물론 그걸 실천하려던 사람들이 겪는 고통을 느끼지 못하는 불감不感이 일어나는 주요 이유는 이른바 '의도적 눈감기willful blindness' 때문이다.[32] 마거릿 헤퍼넌Margaret Heffernan은 『의도적 눈감기: 비겁한 뇌와 어떻게 함께 살 것인가Willful Blindness: Why We Ignore the Obvious at Our Peril』(2011)에서 우리 인간은 '마주하기에는 너무나 고통스럽고 두려운 진실'을 회피하는 성향이 있다고 말한다.

"인정하고 논쟁하며 행동으로 변화시켜야 할 불편한 진실을 거부하면서 우리는 문제를 키운다. 수많은 사람들, 아니 어쩌면 대부분의 사람들이 저지르는 오류는 아무도 볼 수 없게 진실을 감추고 덮어두는 것이 아니라, 너무나 빤히 보이는데도 불구하고 어느 누구도 들여다보거나 캐묻지 않는 것이다.……복종하고 순응하려는 무의식적인 충동은 우리의 방패가 되고 군중은 우리의 타성에 친절한 알리바이가 되어준다. 돈은 심지어 우리의 양심까지도 눈멀게 한다."[33]

---

31 금준경, 「"국정원 직원이 디가우징도 모른다고? 말이 되나"」, 『미디어오늘』, 2015년 7월 29일.
32 willful blindness는 ignorance of law, willful ignorance, contrived ignorance, 또는 Nelsonian knowledge라고도 한다. 「Willful blindness」, 『Wikipedia』.
33 마거릿 헤퍼넌(Margaret Hetternan), 김희정 옮김, 『의도적 눈감기: 비겁한 뇌와 어떻게 함께 살 것인가』(푸른숲, 2011/2013), 5~8쪽.

어떻게 해야 의도적 눈감기를 넘어설 수 있을까? 헤퍼넌은 "우리가 할 수 있는 일은 질문을 던지는 것이다"고 말한다. "알지 않겠다고 결정을 내릴 때 우리는 스스로를 무력하게 만든다. 그러나 보겠다고 주장할 때는 우리 스스로에게 희망이 생긴다.……모든 지혜가 그렇듯, 보는 것은 단순한 질문으로 시작된다. 내가 알 수 있고, 알아야 함에도 알지 못하는 것이 무엇인가? 지금 여기서 내가 놓친 것이 무엇인가?"[34]

의도적 눈감기의 가장 심각한 문제는 그것이 노동력의 분화로 인해 일상적 삶의 한 패턴으로 고착화되고 있다는 점이다. 권리를 행사하는 데엔 매우 적극적이지만 책임은 한사코 피하려 드는 이른바 '칸막이 현상'이 심한 한국과 같은 사회에서 의도적 눈감기는 더욱 기승을 부린다. 이런 경우엔 헤퍼넌의 해법은 통하기 어렵다. 강한 의도를 갖고 눈을 감는 사람들에게 질문을 던질 뜻이 있을 리 만무하다. 왕성하게 질문을 던지는 사람들, 즉 공익제보자(내부고발자)들을 보호해주는 법부터 제대로 만들어야 하는 게 아닐까?

2015년 2월 『조선일보』는 공익신고자보호법에 대해 "'공익제보' 대상 비리가 일부에만 한정돼 있는 데다 포상금도 푼돈에 불과하다"며 "내부고발자에게 순교자殉教者가 되기를 강요하는 나라는 선진국 진입을 꿈꿔선 안 된다"고 했다.[35] 옳은 말씀이다. 그러나 그걸로

34 마거릿 헤퍼넌(Margaret Heffernan), 김학영 옮김, 『의도적 눈감기: 비겁한 뇌와 어떻게 함께 살 것인가』(푸른숲, 2011/2013), 381쪽.
35 「사설」軍·기업 비리 적발하려면 내부 고발 시스템 보완하라」, 『조선일보』, 2015년 2월 18일.

끝이다. 다른 언론 역시 마찬가지다. 그래선 안 된다. 목표를 달성할 때까지 무한 캠페인을 벌여야 한다.

우선 이렇게 하자. 재벌 총수들은 박근혜의 요청에 부응해 미르(486억 원)·K스포츠재단(288억 원)에 모두 774억 원을 냈다. 그 돈으로 다른 엉뚱한 일 하지 말고 가칭 '공익제보자 보호기금'을 만들고 '박근혜 기금'이라는 이름을 붙이자. 민관民官을 막론하고 공익제보자에 대한 보호를 튼튼히 하는 일련의 법 개정과 더불어 필요하다면 추가 법률을 만들고 이것들에 '박근혜법'이라는 이름을 붙이자.

나는 이런 법과 기금이 만들어져 그야말로 자유로운 시민제보자들의 사회가 만들어진다면, 그 최대 공로자는 그렇게 할 수 있게끔 자극을 준 박근혜이며, 이 점에서 그에게 감사해야 한다고 생각한다. 비록 시작은 불명예에서 비롯된 작명일지라도 궁극적으로 '박근혜법'은 김영란법(부정청탁 및 금품 등 수수의 금지에 관한 법률) 이상 가는 애국이 될 것이며, 박근혜 기금은 한국에 존재했던 그 어떤 재단보다 애국에 기여하는 재단이 될 것이다. 나는 박근혜라는 이름의 명예 회복도 가능하리라고 본다.

명심하자. 의로운 공익제보로 인해 고초를 겪은 박흥식·이지문·이재일이 공익제보자에 대해 토로한 '사회적 지지의 환상'을 말이다. "진정한 용기라고 칭송하다가도 곧 식는다. 대부분 안타까워하거나 자책하는 정도이며, 그마저도 잠깐인 경우가 많다." 우리 자신은 물론 전 세계를 감동시킨 역사적인 촛불집회 역시 그런 운명에 처할 수도 있다는 걸 명심하자. 박근혜법과 박근혜 기금을 만드는 것은 패러다임 전환이나 개헌처럼 어렵거나 갈등을 빚는 성격의 일이 아니다. 이 역사적인 절호의 기회를 맞아 우리의 '비겁한 뇌'에 최소한의 안전장치를 만들어주는 일조차 하지 못한다면, 불명예의 주인공은 바로 우리 자신이 될 것이다.

'패러다임 전환'이나 '개헌'은 크고 중요한 일인 반면, '박근혜 법'과 '박근혜 기금'은 작고 덜 중요한 일이라고 생각한다면, 그런 사고방식이 바로 우리가 가장 경계해야 할 '낙수효과落水效果, trickle down effect 중독증'임을 강조하고 싶다. 낙수효과란 무엇인가? 그건 이 세상 모든 일은 '위에서 아래로' 이루어지며 그래야만 한다고 생각하는 사고방식이다.

이 '낙수효과' 모델은 경제 분야에만 작동하는 게 아니다. 정치도 똑같은 원리에 따라 움직이며, 여기엔 보수와 진보의 차이가 없다. 심지어 사회운동 세력마저 개혁 방법론에서 '위에서 아래로'라거나 '큰 것에서 작은 것으로'라는 '낙수효과'의 원칙에 충실하다. 노동운동에 대한 지지와 응원도 대기업 노조 중심이며, 사회 진보를 평생 과업으로 삼겠다는 사람들도 서울이나 서울 근처에서 살아야만 발언권을 가질 수 있다고 굳게 믿고 있다.

그렇게 해온 결과는 무엇인가? 국민적 자율성과 능동성의 상실이다. 이른바 '학습된 무력감earned helplessness'의 만연이다. 왜? 모든 일은 위에서 이루어지며 그래야 한다고 굳게 믿고 있기 때문이다. 그런 무력감은 시민들이 능동적 시민으로서 갖춰야 할 덕목 대신 포기, 체념, 냉소주의를 습관적으로 갖게 되는 '무력감의 사회화the socialization of powerlessness'로 이어져왔으며, 이는 잘못된 상황을 바꾸려 하기보다는 그 상황에 적응하려는 각자도생형 투쟁을 격화시키는 결과를 초래했다.

국민이 자율성과 능동성을 발휘하는 건 이번 촛불집회처럼 몇 년에 한 번 있을까 말까 한 일인데, 감동적이긴 하지만 이마저 '위'에 요구하는 것일 뿐 우리 스스로 일상적 삶에서 할 수 있고 해야 할 일들에 대한 의제는 전혀 없다. 이런 식으론 세상은 크게 달라지지 않는다. 국민 스스로 자율성과 능동성을 갖고 살아가는 '삶의 방식'이 뿌리를 내려야 하며, 이것을 방해하고 탄압하는 모든 기제·관행·의식을 제거하거나 바꾸는 것이 가장 우선적인 과업이 되어야 한다.

그런 이유로 나는 '박근혜법'과 '박근혜 기금'을 만드는 것이 말의 성찬으로 끝나기 십상인 '패러다임 전환'이나 이권 다툼의 소지가 다분한 '개헌'보다 훨씬 크고 중요한 일이라고 믿는다. 대통령이 세월호 참사의 급박한 순간에 미용사를 부르는 정신 나간 일을 했을 때 "그러면 안 됩니다"라고 직접 말하거나 세상을 향해 말할 수 있는 사람이 나오게끔 하는 것, 바로 이것이 내가 생각하는 모든 개혁의 출발점이다.

박근혜의
권력 중독

ⓒ 강준만, 2016

초판 1쇄 2016년 12월 16일 펴냄
초판 2쇄 2016년 12월 27일 펴냄

지은이 | 강준만
펴낸이 | 강준우
기획 · 편집 | 박상문, 박효주, 김예진, 김환표
디자인 | 최진영, 최원영
마케팅 | 이태준, 박상철
인쇄 · 제본 | 대정인쇄공사

펴낸곳 | 인물과사상사
출판등록 | 제17-204호 1998년 3월 11일

주소 | (121-839) 서울시 마포구 서교동 392-4 삼양E&R빌딩 2층
전화 | 02-325-6364
팩스 | 02-474-1413

www.inmul.co.kr | insa@inmul.co.kr

ISBN 978-89-5906-421-2 03300
값 13,000원

이 도서의 국립중앙도서관 출판시도서목록(CIP)은 서지정보유통지원시스템 홈페이지(http://seoji.nl.go.kr)와
국가자료공동목록시스템(http://www.nl.go.kr/kolisnet)에서 이용하실 수 있습니다.
(CIP제어번호 : CIP2016030513)